兵教大発
まぁるく子育て

兵庫教育大学「まぁるく子育て」編集委員会・編著

まえがき

兵庫教育大学学長　福田　光完

「まぁるく子育て」が神戸新聞総合出版センターから書籍として世に出ることは、誠に喜ばしい限りです。乳幼児期の子どもを持つ多くのご両親から、「現在はネット上で情報が氾濫している一方、何が本当に自分の子どもの成長に必要な情報なのかがわからない」という声を聞きます。そんな時、兵庫教育大学の幼年教育に関係する先生方が多くの実践例を基に記された本書は、信頼できる情報を与えてくれることでしょう。

私が興味を持っている脳科学の立場からは、おおよそ就学前には、感情（喜怒哀楽）を掌る大脳辺縁系とよばれる脳の部分は既に十分成長していると考えられています。ですから子どもが示す感情の大きさは、実は大人が持つ感情と同じレベルといえます。まだ小さい子どもだからそのままにしておけばいいとか、その内に機嫌を取り直すだろうというものではありません。乳幼児の喜怒哀楽の一つ一つに大人はきちんと対応する必要があるのです。

一方、理性を掌る大脳新皮質は20歳ごろまで成長します。ですから幼児の段階で論理的に言い聞かせたり、理性的に考えさせたりするのは難しいことになります。この時期にこそ、基本的な生活習慣を見よう見まねでもいいので教え、身に付けるようにしなくてはいけません。また、この頃は、大人に比べて嗅覚や聴覚が敏感なのも特徴です。お母さんや先生の匂いを本能的に嗅ぎ分けています。楽器の音に合わせて踊ることも得意です。絵本の読み聞かせも大人の声に反応しているのです。このような行動表現に大人もいっしょに反応してあげることは素晴らしいことです。幼児の持つ自由奔放な本能的な行動は、小学校に入れば大脳新皮質の発達とともに制御されるため、消失したように見えます。これは人間の成長として普通のことですが、逆に親としては残念な思いもあります。

本書には、実に豊かな幼児の行動や発想の世界がたくさん示されています。どうぞ最後まで楽しんでお読みになってください。

兵教大発　まぁるく子育て　もくじ

2章　遊ぼう、遊ぼう！

3章　季節や行事のなかで

4章　心と体で何が？

5章　子どものために知っておきたい

1章　こんなとき、どうすれば？

子どもとの関わり方

目を見ることから始めよう

幼稚園の園長を務めていたころの話です。

子どもたちはみんな、遊びを終えて部屋に戻っている時間なのに、園長室の外から物音が聞こえてきました。窓を開けると、当時4歳の男の子Aちゃんが楽しそうに草むらの虫を追っています。「まあ、またAちゃんが……」思わず注意しようとしたところ、「園長先生はいつも怖い顔をしてる」。Aちゃんのその言葉を聞いたとき、ハッと我に返ったのです。

あらためて言うまでもありませんが、幼い子どもの心を育てるのは、周りの大人の関わり方が大切なポイントになります。

子どもは周囲のさまざまなものを探索し、そこから多くの事柄を学びます。そしてそれは、自発性を伴うことで効果的になります。

しかし、大人にとって都合の悪いことは「いたずら」になり、「またやった」「何度言ったら分かるのか」などという思いにつながりがちです。冒頭のAちゃんに対しても、「またAちゃんが……」という気持ちが生じ、「お部屋に入りなさい」という思いが顔に表れたのでしょう。大いに反省したことを思い出します。

子育て中、似たような場面に遭遇することは少なくないと思います。こんなときはまず、「なぜ、何度もするのだろう?」と考えてみてはいかがでしょうか? そして子どもの様子をしっかりと観察することから始めませんか?

子どもの心は、周囲の大人が感じ、気付くことで成長します。観察する際、子どもの目をしっかりと見ることをお勧めします。目は心の奥を映します。きっととても澄んだ目をしていて、ハッとさせられるのではないでしょうか?

しっかり目を見ることは、心を向けることでもあります。子どもが何かをしていても、「面白いな」と感じるのと、「困った。やめてほしいな」と思うのとでは、その後、大人側の関わり方が違ってきます。

子育て中のみなさん、子どもをしっかり見て、子どもの気持ちを感じた上で声を掛けてみませんか? そのとき、単に〝褒める〟〝叱る〟だけではなく、「すごいね」「面白いことを考えたね」などさまざまな言葉が出てくるでしょう。それらは、気持ちが〝共感〟した結果、生じた言葉なのです。

（名須川知子）

生活リズム

睡眠環境見直し、早寝を

私が以前、幼稚園の教諭をしていたころ、疲れた顔で「おはよう」とあいさつする園児や、リュックサックを背負ったまま床に寝転がって動かない園児がいました。元気のない子どもは、今は保育園の乳児クラスでも見られます。

理由の一つに遅く寝るなど生活リズムの乱れがあります。規則正しく生活すると、朝目覚めるころ、ストレスに強くなるホルモンや元気が出てくるホルモンが分泌されます。遅く寝ると、そうしたホルモンの分泌がお昼ごろまでずれ込んでしまいます。結果的に朝は元気が出ず、物事の切り替えもうまくいかなくなります。

しかし、早寝は大切とわかっていても、うまくいかないことも多いのではないでしょうか。「夜早く寝かせたいが、子どもが寝てくれない」といった声をよく聞きます。夜中の授乳やおしめ替えの後、なかなか眠ってくれず悩んでいるという友人もいました。

ただ、よく話を聞くと、早く寝ないケースは、その前まで電気のついた明るい部屋にいたり、テレビを見たりしています。また、友人宅は、電気をつけたまま授乳やおしめ替えをしていました。このように何げなく子どもが多くの光の刺激のもとで暮らすことで、眠りを妨げられることがあるのです。

「風呂に入らず眠ることがある。夜中に目を覚ましたときに、入浴させているが大丈夫か」という相談を受けたこともあります。子どものためにきちんとしなければならないという親の高い意識を感じる一方、子育ての優先順位が混乱している印象を受けました。肌荒れなどの問題がなければ、1日くらい生活リズムを重視してみてほしいと思います。

私たち大人は子どもを寝かせる際、一生懸命あやすなどします。うまくいかないと子育てに疲れやいらだちを感じてしまうのではないでしょうか。こうした問題で悩んでいる人は、就寝前などの睡眠環境を振り返ってみませんか。

子どもに寝てもらうため、暗く余計な刺激がないなど、睡眠環境を大切にしてほしいと思います。思い切って睡眠などの生活リズムの優先順位を高めてみてください。親が夜に時間をゆったりと持てると同時に、子どもの日中の様子にも変化が見られるかもしれません。

（大和晴行）

信頼関係を築く

じっくり子どもと関わって

私たちは日々の生活の中で、子どもがじっくり物事に関わり、納得するまでやってみることをどれぐらい許しているのでしょうか。時間に追われる私たちにとって、子どもが真剣に取り組み、満足や実感を持ってやり終えるのを待つことはなかなか難しいように思われます。とりわけ、「こだわりを持つ」といった場合、私たちは否定的にとらえることの方が多いのではないでしょうか。物事にこだわることは本当にいけないことなのか、M児（2歳6カ月男児）がA児（2歳5カ月女児）の持っていた人形を奪い取ろうとした事例を通してみてみましょう。

A児は人形を奪われまいと床に寝そべり、泣きながら必死につかんで離そうとはしません。保育者や他児たちは激しい奪い合いをじっと見つめています。

緊張感が漂う中、とうとうM児が人形を奪い取りました。人形を手にしたM児は気になるのか保育者の様子をちらりとうかがいます。そして、保育者が動く気配のないことを確認すると、ゆっくり床のA児に視線を移し、違う人形をA児の前に差し出します。A児が反応しないので、今度は奪い取った人形を差し出しました。それでも動かないA児の様子に、もう一度その人形をしっかり腕に抱え、その場を離れました。

しばらく、柱に向かい考え続けたM児は、意を決し人形をA児に返しにいきます。その後、M児はそばの違う人形を抱きしめ満面の笑みを浮かべました。

このM児の笑みには二つの思いが込められています。一つは欲しい物を得ようとぶつかり合う中で、相手の思いに気付き、自分なりに区切りがつけられたという思いです。二つ目は、M児のこだわりに思いを寄せ、最後まで見届けてくれた保育者と仲間たちへの思いです。

大人はこうした場面で「Aちゃんが先に使っていたでしょう」と言って他の人形をあてがったり、「貸してと頼んでごらん」などと言って、M児のこだわりを他へ移行させようとしたりしていないでしょうか。

大人が考える「望ましい」方法を押し付けたり、「もういい加減にして」と思う気持ちをぐっとこらえてじっくりつき合ったりしてみると、違った子どもの姿が見られるかもしれません。こうしたゆったりした関わりの中で、子どもは大人への信頼を確かなものにしていきます。

（橋川喜美代）

何でもまねっこ

発想変え、お手伝いの機会に

子どもは、親のすることをよく見ています。夕ご飯を作っているとき、1歳前の乳児がはいはいしながら台所に来て、大真面目にお玉を振り回したり、ボウルを泡立て器でかき混ぜたりします。

幼児もお手伝いが大好きです。ギョーザを作るときなど、一緒にやりたがるのですが、具を入れ過ぎては破ってしまい皮を買い足さないといけなくなるなど、余計なお世話をしてくれます。

しかし、人はまねをする力（模倣力）を元に、周囲の環境を理解したり言葉を覚えていったりするのです。

子育て相談の中で、「子どもがまねをしてほしいことはまねをしてくれず、まねをしてほしくないことをまねしてしまう」という悩みを聞くことがあります。ベランダから洗濯物を取り入れるとき、手がふさがっていて、つい足で戸を開けてしまった後、子どもが足でドアを開けるようになってしまった。換気扇の下でストローをくわえてフーッと息をはくまねをした子どもに、父親が「まねするな」と本気で怒ったなどの相談です。一歩離れた立場では「笑ってやり過ごしてやって」と簡単に言ってしまいがちですが、なかなか当事者になると親子関係の緊張は高まるようです。

こうした相談に対して、「私も自分の子どもが小さいころ、私の欠点が服を着て歩いているみたいって思ったよ」と話すようにしています。横並びの視点で相談を続けるうちに、「小指を立ててストローを持つしぐさまでそっくりなんですよ」というような話になっていき、悩みが幾分軽くなったことが分かります。

まだ言葉が発達途上の子どもでは、口で言い聞かせることより行動のほうが理解しやすいのは当然です。まねできる力が育ったことを喜び、自分自身の行為を振り返るチャンスを与えてくれたとプラス思考に切り替えましょう。

夏休みなどは、親子がべったり寄り添って過ごす時間が長くなり少しうっとうしいと思われるかもしれませんが、このチャンスを生かして積極的に家の家事を手伝わせましょう。お米を研いだり卵を割ったりする作業は、微細な手指の操作力を高める学習です。このように発想を切り替えると、「子育て」は、自身の何気ない生活を振り返る「自分育て」でもあるのです。

（高畑芳美）

人見知りの時期

いろいろな人と関わって

兵庫教育大学の子育て支援ルーム「ＧＥ《げ》Ｎ《ん》Ｋｉ《き》※」は、就学前の子どもと保護者らが安心して遊べる場として、２０１４年10月に加東市山国にオープンしました。半年たった２０１５年１月現在、２カ月〜３歳８カ月の子どもと保護者が利用されています。ここには、学生や大学教員、子育て支援講座「まちの寺子屋師範塾」を修了した方など、いろいろな世代の方が訪れ、「楽しく子育て」をモットーに運営しています。

ＧＥＮＫｉによく訪れる生後９カ月のA君は、最近母親以外の人に抱かれると泣き出すことが多くなりました。そんなA君に、本学の男性教員が近づき、「おっ！　遊んでるなー」と声を掛け、膝の上に抱きかかえました。母親は、一瞬不安そうな顔をしましたが、教員がA君にほほ笑みながら語り掛けると、「あー」とうれしそうに声を上げたではありませんか。「わー、初めての人に抱っこされても泣かなかった」と、母親も思わず声を上げました。

生後5～6カ月ごろになると、母親以外の人に会うと泣き出してしまうことがあります。人見知りの始まりです。「今まで喜んでいた子どもがどうして……」と、母親も不安になりますが、乳児の人見知りは、相手を嫌って泣いているわけではありません。この時期の子どもは、居心地の良い大好きな母親だけでなく、他の人も気になり始めます。知らない場所を探検するときの期待と不安が交ざった状態でしょうか。

そんな時期だからこそ、ちょっとした変化にも感じやすくなっているのでしょう。A君も初めは不安だったかもしれません。しかし、教員の笑顔と語り掛けに心地よさを感じ、「楽しいよ！」という思いが、「あー」という声になったのでしょう。母親の安心した表情も印象的でした。

大切な子どもだからこそ、日々の成長に一喜一憂します。急に泣き出したときは、あせらずに抱いてあげましょう。母親の優しさに包まれ、安心して子どもは周りを観察し始めます。そして「あの人は安心できる」と、自然に認識できていきます。人見知りを恐れて子どもとずっと二人きりでいるのではなく、同じ年齢の子どもが集まる場所に出掛けるなどして、A君のように、無理のない程度にいろいろな人と関わらせてあげてみてください。きっと親子の世界が広がっていくと思います。

（礒野久美子）

※2017年4月より「かとうGENKi《げんき》」に改名。

1日の始まり

親子でほっこり遊ぼう

朝6時ごろ、3歳の長男と1歳の次男が起床し、追い掛けっこを始めます。「きゃはは〜っ」の大声は、魔の叫びにも聞こえます。「走っちゃだめだよ」などと声を掛けるものの、なかなか止まりません。注意を繰り返し、家の空気は重くなり、最後は叱ってしまいます。子どもは「ご飯いらない」と不満タラタラ。叱った私も、落ち込んでいました。

朝は大人も準備に追われ忙しく、少し前まで、こんなことを繰り返していました。本当は朝から叱ったり、追い立てたりしたくありませんでした。もっと余裕を持って接したいと、考え直しました。

脳の発達過程を考えると、子どもは、幼児期から小学校低学年の間に、高い興奮状態になることで、それを抑制するためのブレーキの力を身に付けていきます。我慢の力を手に入れるには、興奮や満足感を味わうことが大切です。抑制されると、そわそわし出し、余計に落ち着きがなくなることがあります。

そう考えると、子どもがやりたいことを我慢して、行動を切り替えることは大変難しいことです。私は口で要望するばかり。大いに反省し、朝に少しの興奮、満足感を味わえるように、子どもへの関わり方を見直しました。

子どもが朝からダイナミックに遊びたいときは、こそばし合ったり、肩車をして家の中を回ったりしました。ときどき、わざと壁にぶつかりました。暴れまわらなくても、親と短時間でも体を触れ合って遊べば、子どもは大興奮します。その後は、気持ちを切り替え、ご飯を食べたり、着替えたりしていました。あらためて一緒に遊ぶことの大切さを痛感しました。

どうしても関わる時間がないときは、「子どものお仕事」と言って、目の届くところで、ハサミで紙を切るなどさせました。「どう?」「なかなかいいね!」などと反応すると、子どもも満足な様子。大人と一緒に仕事をしている気分になるようです。

こうして私は、気持ちの良いスタートを切ることができるようになりました。一日の始まりは、親子でほっこり遊んでみませんか。子どもの思いに歩み寄り、親子遊びで少しの興奮、満足感を味わえるようにすれば、きっと効果を実感できるでしょう。

(大和晴行)

イヤイヤ期

心のモヤモヤ代弁してあげて

9月も終わりに近づくと、草むらから美しい秋の虫たちの声が聞こえてきます。夕方、職場近くで、2歳くらいの女の子がお母さんと一緒に散歩に来ていました。草むらから1匹のバッタが飛び出し、女の子の足元に飛んできました。

「わぁ！」と、びっくりする女の子に、お母さんが「バッタさんが、遊びに来てくれたね」と声を掛けました。女の子はすぐに「バッタさん、ピョン！」と、ご機嫌でバッタを真似て遊び始めました。

しばらくすると、女の子の泣く声が聞こえてきました。様子をうかがうと、「帰らない！」と、道に寝転がって泣き叫んでいます。お母さんが「バッタさん、連れて帰る？」「抱っこがいいの？」と、いろんな言葉を掛けてなだめています。しかし、女の子は、「イヤ！」の一点張りで、最後は、お母さんに抱きかかえられて帰っていきました。

こんな経験をされた方も多いのではないでしょうか。子どもの「イヤイヤ」は、成長とともに意味や内容も変わってきます。1歳半までの「イヤイヤ」は、体調や気分の変化から起こることが多く、こだわりが少ないので、興味を別のことに向けてやることや、共感することで、収まることもあります。

しかし、2歳になり、感情や思考、表現といった面で個性が育まれる時期になると、「イヤイヤ」は、自分の思い通りにならないことへのストレスから起こることが多いようです。例えば、「自分でやってみたかったのに、手伝われたから」「言葉で伝えたいけれど、どう言ったらいいか分からないから」という場合です。

私が保育所に勤めていたころの対処法は、言葉で子どもの思いを代弁してやることです。まず、何が原因でイヤが始まったか。子どもの行動を振り返って考え、根気強く付き合ってあげることです。それでも、分かってやれないときは、思い切り抱いてあげることです。心のモヤモヤを自分でコントロールできない子どもにとっては、一番の解決策かもしれません。

子どもが自立の第一歩を踏み出したイヤイヤ期には、周りの大人がイライラせず、心と時間に余裕を持って付き合うことが大切ですね。

（礒野久美子）

毎日の食事

体も心も成長させるもの

子どもの成長にとって食事は大切です。しっかりと食べてくれるとうれしいですが、「工夫して作っているのに、なかなか食べてくれない」という声が聞かれます。

子育て支援ルーム「かとうＧＥＮＫｉ《げんき》」では、「おとうさん、おじいちゃんのおべんとう作りに挑戦！」と題して、包丁も握ったことのない男性陣が集まり、大学の調理室で顔型のおにぎりやタコさんウインナーにチャレンジしました。講師は、長らく本学附属学校のＰＴＡで「おやじの会」（96～97ページ参照）を開催してくれていた４人の子どものお父さんの藤田和昌さんです。

真剣な表情でウインナーに切れ目を入れ、沸騰したお湯にウインナーを入れると、切れ目がタコの足のように曲がり始めます。「タコだ！　本当にタコだ！」と、子どものようにはしゃぐ声があちこちから聞こえてきました。ウインナーがタコに変身する瞬間を初めて見たお父さんの感動の声でした。その後は、スライスチーズを目の形にし、マヨネーズでくっつけてノリをへの字に切って乗せると、笑顔のタコさんウインナーの出来上がり。顔型のおにぎりも、ノリを使ってわが子と同じ髪形にして、一品一品、楽しみながら作りました。

さあ、出来上がったお弁当を持って芝生の上にシートを敷き、家族一緒にピクニック気分でランチタイムです。お弁当のふたを開けると「わー！　すごい」「食べるのがもったいない」という、家族の喜びの声にお父さんも満足の笑顔。お弁当を囲んで「とってもおいしいよ」「これ、どうやって作ったの？」と、楽しい会話とともにみんなで食べるご飯の味は、心もおなかも満たしてくれたようです。お母さんからは「普段は、ご飯を作ってくれることがほとんどないパパが、お弁当を作ってくれるというだけでとてもうれしいのに、ふたを開けると家族3人の顔をしたおにぎりが仲良く並んでいて……とても幸せな気持ちになりました」というメッセージが届きました。

子どもにとっての食事は、身体をつくるだけでなく、心を成長させる大切なものです。また、家族の絆も育んでくれます。「何を食べるか」はもちろん大切ですが、「誰のために作るのか」はもっと重要。今回、お父さんたちは、子どものこと、お母さんのことを思いながら作っていたことでしょう。この気持ちが「食」によって運ばれ、伝わっていく……。日々の食事を大切にしていきたいものです。

（礒野久美子）

園庭の遊具

挑戦する中で育まれる学び

今後増えていく「認定こども園※」では、子どもを預けて働きたいという母親へのサービス以上に、子どもが育つ最善の場となることが強く求められています。ブランコや滑り台、鉄棒といった固定遊具が並ぶ園庭も、子どもの遊ぶ環境として見直されてきました。横浜市郊外にある保育園の園庭に見られる遊びから、子どもが育つ環境について考えてみたいと思います。

この園庭には、高い樹木やツリー・ハウス、3メートルの高さから滑り下りていく空中ロープウエー、高さ3・6メートルのロック・クライミング、トランポリン、石崖など、子どものチャレンジ精神を喚起する遊具が数多く設置されています。

見学した日、5歳の女児2人が遊具を順に説明しながら案内してくれました。石崖では「ここを登ると大丈夫。きっと登れるよ」と励ましてくれ、最も登りやすい部分を教えてくれました。ちゅうちょしていると、女児が軽々と登っていきます。後について登り、崖の上に到着すると、今度はログハウスが絵本の世界へと導いてくれます。

石崖に挑戦する3歳女児もいました。大きな岩を組んだ部分に指と足先をかけ懸命に挑みますが、2段目のところで力尽きて滑り落ちました。手のひらが少し痛いようですが、下の砂場が落ちた衝撃を緩和してくれます。今度はロープを使って上がろうとしましたが、これもまた失敗です。できない自分が悔しいのか泣いています。

このように子どもたちはあこがれのモデルを見ながら、心を動かし、やってみて、なるほどと分かり、さらに繰り返し、やっぱりと納得しながら、次の生活に生かしていきます。自分の力を見極め、困難に挑みかかり、やりたいことをやり遂げていく遊びの中で、確かな学びの過程をたどっていくのです。

けがをするようなことはさせたくないというのが、親の本音かもしれません。しかし、小さな傷を積み重ねる中でしか、子どもは危険を予知する力を身に付けられないのです。達成できた充実感を重ねる中で、新たな意欲を育み、「なぜ」「どうして」と自分に問い掛けながら、次の課題へと挑んでいく学びの姿勢を獲得していきます。

子どもたちの今これがやりたいという思いや、エネルギーを奪うことがないよう見守りたいものです。

（橋川喜美代）

※幼稚園と保育所の機能を併せ持ち、地域の子育て支援を行う保育施設。都道府県が認定（108～109ページ参照）。

進級、進学への期待

前向きになれる声掛けを

毎朝、小学生が私の家の前を歩いて登校していきます。幼稚園長として見守っていた子どもが、元気に登校する姿をいつもうれしく見ています。

3月のある朝、小学生に交じって、幼稚園・年長組の男の子がお母さんと一緒に歩いていました。いつもはお母さんの車に乗って幼稚園の近くまで行きますが、この日は、隣接する小学校への入学に備えて、登校時間に合わせ通学路を通って登園する日になっていたのです。「おはよう」と声を掛けると、うれしそうに、少し誇らしげにあいさつをしてくれました。

年度の終わりは、子どもも親も、1年の成長を感じるとともに、進級や進学への期待が膨らむ時期です。特に、幼稚園や保育園の年長組の子どもたちは、周りの大人から「もうすぐ1年生だね」と声を掛けられる機会が増えてきます。園でも小学校のことを話題にしたり、体験入学があったりするので、自然と気持ちも高まっていきます。

以前、卒園を控えた子どもたちに、小学生になるのが楽しみかと尋ねたことがあります。多くの子どもが楽しみだと答えていましたが、不安な思いや違う小学校に通う友達との別れを口にする子どももいました。新しい環境に入っていくことは、複雑な気持ちがあるのでしょう。

親の方も入学しても大丈夫なようにと、子どもたちへの注文が増えてくるようです。心配し過ぎなくても、小学校での生活や学習の基礎作りは、園生活を通してしっかりできていると思います。

大切なのは、お母さんやお父さんも一緒になって入学を楽しみにすることではないでしょうか。子どもが小学校のことを話題にするとき、「楽しみだね。お母さんも行ってみたいな」などと声を掛けることで、楽しいところだと感じ、いっそう前向きな気持ちになれると思います。

今までと違い、子どもだけで小学校に通うことになります。冒頭の親子のように園から促されることもありますが、登校や下校の時間帯に親子で通学路を歩いて、通学のシミュレーションをしてみると良いでしょう。子どものペースでかかる時間が分かりますし、危険な場所を知ることで安全面の指導もできます。

（横川和章）

コラム◆ちょっと気になるシリーズ①

〈指しゃぶり一考〉

眠っている赤ちゃんの口元を見ていると、くちゅくちゅ動かしていることがあります。

ママのおっぱいを飲んでいる夢を見ているのでしょうか。自分の体が自由に動かせるようになると、一生懸命指を口に入れようとします。指を吸えるようになることは、自分の体に気づく第一歩です。この時期の指吸いは応援できますが、幼児になっても寝る時に指をしゃぶっていると心配になってきます。歯並びにも影響するので、やめさせなさいと歯医者さんにも言われます。その時は言ってやめさせるより、親子の入眠儀式を考えませんか。お母さんと手をにぎにぎしたり、お気に入りのぬいぐるみをトントンしたり、手を違う形で安心させてあげましょう。

（高畑芳美）

もっと学びたい人のために～本の紹介①～

〈睡眠環境見直し、早寝を〉

①「夜ふかし」の脳科学―子どもの心と体を壊すもの　著者：神山潤、中央公論新社、2005年

②子どもの夜ふかし脳への脅威　著者：三池輝久、集英社、2014年

③第5回幼児の生活アンケートレポート［2016年］ベネッセ教育総合研究所、2016年

①と②は、子どもにとって睡眠がなぜ重要であるか、さまざまな研究結果などに基づき解説がなされています。特に遅寝が子どもの育ちに及ぼす影響について分かりやすく詳細に学ぶことができます。③は幼児期の子どもの睡眠リズムの実態について最新の状況を知ることができます。子育て中の方は、ご家庭の状況を客観的に把握する上でも役立ちます。

（大和晴行）

2章　遊ぼう、遊ぼう！

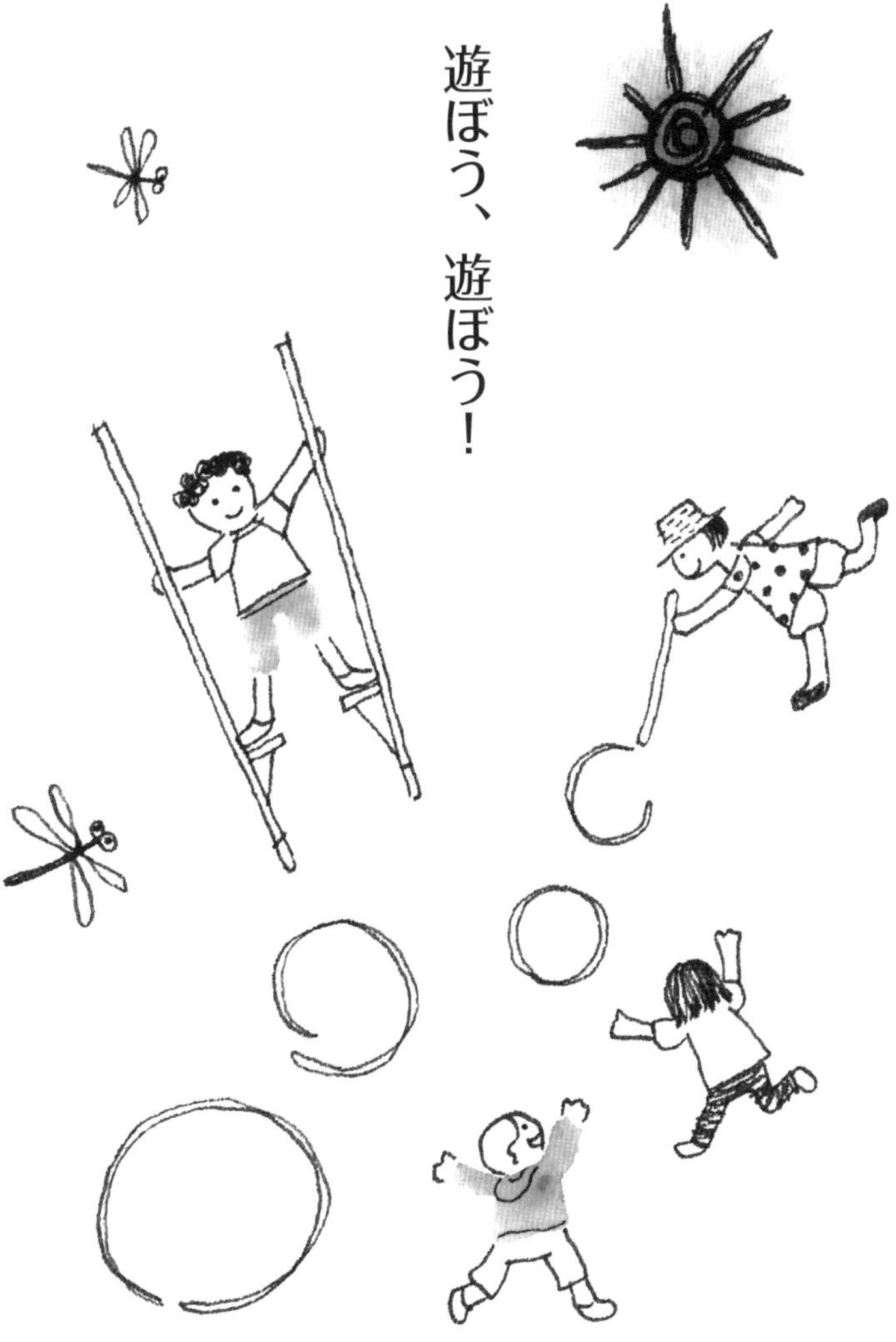

仲間とともに育つ

友達との遊び見守って

幼い子どもでも、同じ年頃の子どもに出会うと、じっと見たり、近寄っていったりすることがあります。早くから他の子どもへの関心が芽生えているようです。

家庭での生活が大部分の子どもたちにとって、近くの公園に出掛けたりすることは、同年齢の子どもと出会う機会になります。子育て支援センターや児童館、あるいは幼稚園や保育園で行われている未就園児への園庭開放などもそのような場所になるでしょう。

幼稚園の園庭開放に訪れた2歳の女の子が、屋外の足洗い場で、プリンカップに水を入れて遊んでいるのを見掛けました。しばらくして、隣に同じ年頃の子がお母さんと一緒にやって来ました。泥の付いた足に水を掛けてもらって、汚れを落としています。

すると、水遊びをしていた女の子は、カップに入れた水を隣の子の服に掛けようとし始めました。隣の子がうれしそうだったので、自分も水を掛けようとしたのかもしれません。それを見ていたお母さんも、きっとそのように思ったのでしょう。さりげなくその子の手を取って、カップの水が隣の子の足元に掛かるようにしてあげました。子ども同士が楽しく関わる時間になったように感じました。

この時期の子どもたちは、他の子どもがそばにいても、それぞれが夢中で自分の遊びをしています。その中で、近くにいる子どもと関わりを持っていくので、周囲の大人の配慮が必要になることもあります。他の子どもと一緒の空間にいるのが楽しいと感じられるように見守ってあげられたらと思います。

幼稚園や保育園でも、入園して間もないころは、同じ遊びをする子どもたちが近くに集まって、それぞれで楽しんでいることが多いものです。そのうちに、仲間の遊びに興味を持って関わることが増え、気の合う友達もできてきます。

水遊びをしていた女の子の近くでは、幼稚園児たちが、といをつなげて水を流したり、土で周囲を盛り上げて水をためたりして遊んでいました。どんなふうに水を流したいか、それぞれの思いが合わなかったりして、時々中断しては遊びが続いていました。友達と一緒に遊ぶのが楽しいと感じているからこそ、互いの思いを調整しながら遊んでいけるのでしょう。

（横川和章）

ごっこ遊び

想像力など多くの力を育む

ある日、3歳児クラスの砂場では、数人の子どもたちが砂遊びをしていました。カップに砂を入れ、草をちぎってその上から振りかけている子がいます。「ケーキなの」と教えてくれました。

別の子は、皿に砂を入れ、カレーを作っています。「食べて」と言うので、食べるまねをして「おいしかった」と言うと、とても満足そうな笑顔でした。

赤ちゃんのころを過ぎると、子どもには想像する力が育ち始めます。それとともに、実際には目の前にない事物を頭の中でイメージし、遊具などで見立てたり、それを扱うふりをしたりという象徴機能が発達していき、遊びとして現れてきます。最初は料理を作るふりをしているだけですが、そのうち自身がお母さんになったつもりになって料理をしたり、子ども同士で遊んだりするようになります。

5歳児クラスの子どもがやってきて、「ジュース屋さんをしているから来てね」と何やら紙を渡してくれました。見ると地図が書いてあります。よく分からない地図でしたが、保育室の方に行くと、テラスで色水を作ってジュース屋さんをしていました。「じゅーすやさん」と書いた看板も掛かっています。店員になった子どもは一生懸命ジュースを作ったり、「いらっしゃいませ」と声を掛けたりしていました。

幼児期の子どもにとって遊びは、子どもの中に育ちつつある力が最もよく発揮され、同時にその力を育てていく活動であるとされています。紹介したような自分以外の役になって遊ぶごっこ遊びは、特に幼児期に好まれる遊びですし、幼稚園の中でもあちこちで見られます。

ごっこ遊びには、想像する力が欠かせませんし、遊びに使うものを作る力も必要です。役になって遊ぶので、その人の気持ちを考えたり、その人として振る舞ったりすることもしなくてはなりません。友達と一緒に遊ぶことでより楽しくなるので、自然と子ども同士のさまざまなやりとりも生まれます。自分の思いと友達の思いの食い違いを調整したり、互いに協力したりすることも求められます。

遊びを通して力が育っていることをあらためて認識し、子どもたちの遊びを大切にして関わっていきたいと思います。

（横川和章）

好奇心は生きる力に

育むのは大人の感性

子どもの豊かな好奇心は大人の発想を超え、時として単なるいたずらと見なされ、埋もれてしまいます。私が初めて子どもの発想の面白さに気づかされたのは、カステラに紅茶を少しずつふくませ、浸透する状況に心奪われた子どもの記録でした。

子どもはおやつに出てきたカステラやビスケット、おせんべいに紅茶を「飲ませる」（染み込ませる）実験を展開。カステラは一度に紅茶をたくさん飲ませてはいけないこと、ビスケットは少し飲むが、おせんべいはほとんど飲まないことを発見します。でも、母親から「いたずらをする子には紅茶はあげない。水にしなさい」と注意され不満な気持ちをつぶやきます。実験は確かに水でも可能です。

子どもの好奇心は万国共通に見られます。海外の記録には、容器に画用紙を押し付けると山のように盛り上がるのを発見した子どもが、その頂上から水色の絵の具をたらし、流れを食い入るように観察する姿が描かれています。保育者は絵を描く課題からはずれた行動に目を奪われます。子どもは画用紙の高さを調節し、絵の具の流れ具合を確かめます。画用紙に描き出された水色の線は、科学者が仮説を検証しようと取り組んだ実験結果そのものでした。母親もその写真と記録を見て、わが子の姿に称賛の言葉を送ります。

わが国と海外との違いはこの好奇心豊かな取り組みをいたずらとして止めるのか、称賛し探索に向かえるよう環境を整え、保育者と保護者が共にそうした好奇心を楽しめるのかにあります。この違いが子どもの思考力の差につながります。

なぜなら、子どもが自ら一生懸命に考えたり、調べたりするのは、このように好奇心や関心を持ったときに他ならないからです。好奇心とは「物事を探求しようとする根源的な心」であり、「面白いなあ」「不思議だなあ」と興味を持った事柄をもっと知りたくなる感情です。変化の激しい現代社会で求められている「生きる力の基礎」は、この豊かな好奇心なのです。

幼いときから正解は一つで、そこからはずれると「おかしい」「変だ」と言われるようなワンパターンの思考を植え付けられると、この好奇心は育ってきません。子どもが面白そうだなあ、やってみたいなあ、なぜこうなるのだろうという気持ちを大事に育み、共に楽しめる感性を大人も持ちたいものです。

（橋川喜美代）

戸外遊び

親も一緒に〝道草〟しよう

子どもは本来、体を動かしたり、自然と関わったりすることが大好きです。しかし、近年は子どもの数や安全で安心して遊べる場所が減少したり、遊び方が変化したりしてきていることもあり、戸外で体を動かして遊ぶ機会が減ってきているのではないでしょうか。

最近、私が住んでいる団地で、子どもが4～5人集まって遊んでいました。何をしているかというと、日陰になった駐車場に座り込んで、携帯ゲームをそれぞれが持ち、互いに通信しながら遊んでいるのです。保護者からは「外で遊んでおいで」といわれたのかもしれません。確かに外で遊んではいるのですが、50メートルも行けば公園もあるのです。

一方で、公園に数人のお母さんが集まって、その子どもたちが影踏み鬼ごっこをしたり、植木の根元にいた虫を捕まえたり、穴を掘って遊んだりしている姿も見掛けました。

額には汗をかいています。汗をかくことは自分の体で体温調節をすることにもなります。

戸外に出ると、それだけで家の中とは違った開放感があり、目に入ってくるものも多種多様です。親子で散歩でもすれば、道端にある草や木、水たまり、土、虫などさまざまなものに触れる機会もあるでしょう。友達と出会えば、子ども同士での遊びや会話にも発展するでしょう。しかし、家の中や車を利用する場合が多ければ、子どもが自分自身の体を使ったり、感じたりする機会を減少させる懸念があります。

文部科学省は、２０１２年に『幼児期運動指針』を策定しました。その中には「幼児はさまざまな遊びを中心に、毎日、合計60分以上、楽しく体を動かすことが大切です」と書かれています。また、戸外遊びは、幼児の体と心の健康に良い影響を及ぼすという調査もあります。

毎日60分という時間はあくまで目安です。共働きなどの生活状況で、なかなか子どもに余裕を持って関わる時間をつくることができないという方もいらっしゃるかもしれません。けれども、保護者の心のゆとりは子どもにも伝わります。無理をしなくても構いませんが、少し生活を振り返って、休日や、幼稚園・保育所の行き帰り、買い物などの機会に、道草するくらいの気持ちで、戸外に出ていく時間を増やしてみてはどうでしょうか。


（足立　正）

自然と触れ合う

身近な生き物との関わり大切

暖かくなってきて、戸外で遊ぶ機会が多くなると、身の回りの自然と触れ合うことが増えてきます。草花の成長が感じられ、いろいろな虫に出会えるのもこのころからです。特に、幼い子どもにとって、身近にいる生き物は、興味や関心を抱く対象となるようです。

ある幼稚園で、3歳児クラスの子どもたちが、草の生えている場所で夢中になって何かを探していました。そばで見ていた私に、「ほら」とうれしそうに見せてくれます。「触ると丸くなるんだよ」と教えてくれる子もいました。

子どもたちが探していたのは、ダンゴムシです。園児にとって、ダンゴムシは、直接捕まえることのできる身近な生き物のようです。先生に「ダンゴムシがけんかしてるよ」と言っている男児もいました。壁際の草の陰に、大量のダンゴムシを見つけ、彼なりの表現でその感動を伝えていたのだと思います。

4歳児のクラスでは、ケースに入れてダンゴムシを飼っていました。葉っぱを入れたり、土を水で湿らせたりして、一生懸命世話をしている姿がありました。図鑑を見て、調べている子もいました。大切に育てている様子が感じられます。ダンゴムシになって遊んでいるクラスもありました。ダンゴムシになって保育室内に隠れている子どもを、先生が探していきます。見つかって触られると、子どもたちはうれしそうに丸くなっていました。

幼稚園や保育所では、身近な自然との触れ合いを大切に、保育をしています。生き物を飼育している園も多くあります。バッタなどの昆虫や、カエルやザリガニあるいはウサギなどの小動物がよく飼われているようです。「命の大切さを感じてほしい」「やさしさや思いやりを持ってほしい」「生き物の生態や多様性を知ってほしい」などのねらいがあります。身近な生き物との関わりが子どもの育ちにとって重要なのです。

生き物を飼っている家庭もあると思います。動物を飼育する経験が子どもの育ちに良い影響を与えているという研究が報告されています。子どもたちは、身の回りの生き物からさまざまなことを学んでいるのでしょう。自然が少なくなったといわれますが、身近な生き物や自然との関わりを大切にし、見守ってあげられたらと思います。

（横川和章）

危険から身を守る力

冒険的な遊びの中で育つ

子どものけがが増えているといいます。先日、知人が勤めている園で子どもが転んでけがをしたそうです。ちょっとつまずいて倒れたくらいだったようですが、その子は舌を何針か縫うほどの傷を負ったと聞きました。保育者もけがの状態に驚いたようです。

このように、普通では考えにくいけがの要因の一つは、とっさのときに反射的に自分の体の危険を回避する力が低下していることが考えられます。

人は急に物が自分の方に飛んでくれば瞬間的に危険を判断して身をかわします。また、つまずいてバランスを崩し倒れそうになれば無意識に手を出して頭や顔などをかばおうとします。こうした能力は乳幼児のころからのさまざまな体験を通じ、身体的な自己防衛能力として身に付くといえるでしょう。

しかし最近は、危ないという理由で子どもの活発で冒険的な遊びを管理、制限しようとする風潮が強いように思います。当然、生命に関わるような重大な事故は防がなければなりません。けれども安全を優先し過ぎれば、結果的に自分の身を危険から守る力が育つ機会を減少させることにもなりかねません。

子どもは少し大きくなれば、階段から飛び降りたり、高い塀の上を歩いたり、山の斜面を滑ったり、川面から浮き出た岩を渡ったり、大人から見れば心配することをしたがります。幼い子どもでも、はいはいしながら高いところへ上ったり、周りを見ずにお母さんのところへ駆け寄ることもあるでしょう。

このように、遊びや生活の中では、ちょっとした衝突、転倒、転落などの危険があり、実際に子どもはその経験を繰り返しながら成長します。

子どもの姿勢制御能力に関するある研究では、不意に床面が移動するという状況に置かれたとき、子どもは手や足を動かすなどして体のバランスを保ち、その能力は幼児期から児童期の前半までに顕著に発達するという結果を示しています。このことは体の瞬間的な危険回避能力が小さい子どものころに獲得されることを示唆しています。

ですから、保護者や祖父母の方々、地域で保育に携わる方々も、少しけがをするくらいの方が元気に育っていいと考え、手を出し過ぎずに、子どもの挑戦意欲や冒険心を発揮できるように関わっていただくことも大切ではないかと思います。

（足立　正）

ツリーハウスに登りたい

遊びの中から生まれる自信

幼稚園の大きなクスノキの中ほどにあるツリーハウスは、子どもたちにとって魅力的な場所です。木に登ってそこまでたどり着きたいと、何度も挑戦する年長児A君。なかなか登ることができず、ついに諦め、しばらくその場では遊びませんでした。

ある日、クスノキの周辺で、数名の幼児がツリーハウスに登るはしごを作り始めていました。A君は「僕もはしご作りたい」とつぶやきました。はしごを作っていた1人が「じゃあ、この木ここまで切って」と頼みました。しかし、のこぎりが思うように使えません。すると、周りにいた幼児が、木を動かないように押さえ、のこぎりの使い方も教えていました。

A君は毎日のように根気強くはしご作りに取り組み、ついにはしごが完成した日、初めてツリーハウスに登ることができたのです。「思ったより怖くなかったな」と、友達と満足げに何度も顔を見合わせている姿が印象的でした。

その日、A君は「僕、竹馬も乗れそうな気がする」とつぶやき、担任は「先生もA君ならできそうな気がする」と返しました。それ以降、これまで周りの子が挑戦していてもあまり関心を示さなかった竹馬を家に持ち帰り、日が沈むまで何度も何度も繰り返し練習したそうです。その後、幼稚園でも竹馬に乗る姿が見られました。

数日後、ツリーハウスに姿を見せたA君は、他の友達にははしごの登り方を伝えたり、ひもを結ぶというはしごの修理も進んでやったりしていました。

一連の活動の中で、A君はのこぎりを使ったり、竹馬に乗ったり、ひもを上手に結んだりと、多くのことができるようになりました。友達や教師に支えられながら継続して取り組んだことや、はしごが完成した喜びや達成感、それを通してやる気や自信が生まれてきたことが大きく関わっていると思います。

ねばり強く取り組む力、意欲的に新たなことに挑戦する力、仲間と協力する力などは、非認知能力といわれ、幼児期に育てたい力です。小学校以降の学びにつながる力でもあります。幼児期の教育はこのような子どもの育ちを大切にしています。

家庭でも親が先走りせず、わが子の自らやろうとする気持ちを受け止め、さまざまな体験をさせたいものですね。子どもの伸びようとする力を信じて！

（岸本美保子）

絵を描くこと

経験した気持ちを表現

子どもたちにとっては毎日が冒険であり、発見の連続です。子どものきらめく表情は日々の成長の表れだと思います。私は2016年3月に兵庫教育大学に着任以来、子育て支援ルーム「かとうGENKi《げんき》」を訪ね、お子さんたちの喜怒哀楽に満ちた様子を見させてもらうことが癒やしの時間となっています。そんな中でとても印象的であったエピソードを紹介します。

おばあちゃんと一緒にGENKiへ来室したAちゃん。お絵かきコーナーで、ホワイトボードに真剣な表情で○を描き始めました。一つの○を描き終えると、隣で見ていたおばあちゃんの方へと顔を向け、満面の笑みで「Aちゃん」と伝えます。おばあちゃんも優しくほほ笑みながら「Aちゃんだね」と答え、さらに「ママは?」と尋ねると、あっと気づいたAちゃん。すぐに新しい大きな○を描き、「これ、ママ」と伝えました。

すると、今度はAちゃんからおばあちゃんに「(私のことを)描いて」とお願いがあり、おばあちゃんも快く応じ、お互いに笑顔で会話をしながら絵を描いていました。Aちゃんの表現したいという気持ちをおばあちゃんが上手にくみ取り、何げない言葉掛けをしたり期待に応じたりすることで、描くことをより楽しくすることができたのではないでしょうか。

子どもは、絵を描くことを通し、感じたこと、思ったことを、他者に伝えようとしています。描くことは、内なる世界を見える形にできたという満足感につながります。子どもの絵のきっかけは手や体を動かし、その結果、目の前に残された軌跡、痕跡などです。最初の一歩が分かれば、そこから描く道具や素材の違いなどの要素も加わり、子どもの世界はより広がると考えられます。

子どもが描く世界は大人が考える上手下手という枠から飛び出し、本当に面白いです。さらに、結果や意味を求めるだけではなく、描く過程からその子の物語が始まっていることにも着目すると、また違う子どもの姿に出会えるかもしれません。

子どもたちは体験や経験した気持ちを表現しようとします。ぜひ、子どもが描いている姿に目を向け、お子さんと一緒に童心に帰って、絵を描くことの楽しさに再度触れてみてはいかがでしょうか。

（加納史章）

泥団子作り

「壊れる」体験も心を豊かに

外遊びが心地よい季節になると、以前勤めていた幼稚園で子どもたちと泥団子作りに熱中したことを思い出します。ただの土から、ピカピカの泥団子ができるのはとても魅力的。大人も夢中になれる遊びです。

3歳児のTくんは、年長さんに憧れて、泥団子作りを始めた一人。〝握る〟ことや土と水の混ぜ具合、まぶす乾いた土探しなど、ハードルが高いことだらけ。それでもTくんは、楽しみながら挑戦を続けていました。

ある日、Tくんが園庭から靴のまま部屋に入り、担任の私に抱きつき泣いたことがありました。シクシクと静かに、でも悲しげに泣くのです。Tくんの手に泥の塊がついていたので、「泥団子、壊れちゃったの?」と聞くと、うなずくTくん。壊れた理由を尋ねると「もっと固くしようと思って(自分で)ギュッてやっちゃった」とのこと。

こんな時、皆さんならどんな言葉をかけますか。あの時の私はとても迷いました。T

くんがどれだけの時間や気持ちをかけて〝自分の〟泥団子を作ったのか。だんだんと自分の思うような形になっていく時の明るい声、「もっと」と新たな土を求めて走りだす後ろ姿など、作る過程を知っていればいるほど、かける言葉が見つからないのです。

周囲で「また作ればいいよ」と励ましの声を送る子どもたちもいました。子どもなりのやさしさに心を動かされつつ、それでもTくんの気持ちに折り合いがつくまで、ただそばにいたいと思いました。

数日後、再び泥団子作りに挑戦しているTくん。見ると、他の子どもたちと一緒に、砂場の山にささったといに泥団子を転がして楽しんでいます。驚いた私の隣で、笑顔を見せるTくん。泥団子作りは、団子山の遊びへと進化していきました。

物に囲まれた現代、子どもが自らの手を使って何かを「作る」ことは大切な経験です。加えて「作る」過程での「壊れる」体験が、人をつなぎ、物へのかかわりを豊かにすることをTくんの泥団子物語は教えてくれたと思います。

人は、物が作られてきた過程、すなわち誰かの「作る」「壊れる」体験を想像することによって、物を介して他者と思いを通わせることができる。皆さんも、身の回りの物を、そんなまなざしで見つめてみてはいかがでしょうか。

（平野麻衣子）

コラム◆ちょっと気になるシリーズ②

〈排泄のサインに気づいてね〉

子どもが遊んでいる最中、急に動きをとめることはないですか?

それは、おしっこやうんちが出てしまったサインです。子どもは、排泄の前に、腰を振ったり服を引っ張ったり、いろいろなサインを出します。このようなサインに気づいた時は、オマルやトイレに誘うタイミングです。そして、うまくできた時には「気持ちよかったね」と言葉をかけてしっかりと褒めてあげてください。また、失敗しても、「きれいにしようね」と言いながら大人がお尻を拭いてあげると、トイレは子どもにとって安心できる心地いい場所になります。

トイレトレーニングを成功させるには、雰囲気づくりを工夫することが大切です。（礒野久美子）

もっと学びたい人のために～本の紹介②～

〈親子でほっこり遊ぼう〉

①からだの〝おかしさ〟を科学する―すこやかな子どもへの6つの提案―　著者：野井真吾、かもがわ出版、2013年

②脳をきたえる「じゃれつき遊び」―キレない子ども　集中力のある子どもに育つ―　著者：正木健雄・井上高光・野尻ヒデ、小学館、2004年

①では、子どもがそわそわ落ち着きのない状況から、「気持ちを切り替える」ことがどのような過程で育っていくのか、脳の実験データなどを用いながら解説されています。②では、じゃれついて遊ぶことの効果を、データを示しながら有効性を解説しつつ、実践的な遊び方についても紹介されています。

（大和晴行）

3章　季節や行事のなかで

初めての体験

親も付き添い安心感与えて

新学期が始まると、子どもたちだけでなく家族の方も新しい出会いと体験があるのではないでしょうか。

春休み、道端に咲いている花を見て、楽しそうに会話をしている親子に出会いました。「小学校までの通学コースを一緒に歩いているんですよ」と、話されるお母さんの横には、ピカピカのランドセルを背負った笑顔の女の子がいました。

兵庫教育大学が運営する子育て支援ルーム「かとうGENKi《げんき》」でも、家族一緒に「初めて」を体験された方がいました。いつも2歳と1歳の子どもを連れて遊びに来ているお母さんです。

ある日の午前11時ごろ、このお母さんが、子どもらの着替えが入った荷物をまとめるなど、急いで帰り支度をされていました。事情を尋ねると、「今日は小学1年生のお姉ちゃんが、バスで初めて帰る日なので、一緒に乗って帰ろうと思って、バス停で待ち合わせしているんです」。

この家族は、自宅が隣の市にあるため、小学生でもバスで通学しなければいけません。そこで、お母さんは、お姉さんが1人でも不安にならずに通学できるよう、親子一緒にバスに乗る練習をしようと考えられたそうです。

思わず「子どもさんを3人も連れて、大きな荷物まで持って大丈夫ですか？」と、声を掛けると、「いつもより荷物を少なくしているから大丈夫ですよ」とお母さん。そして、「抱っこして」と甘えていた2歳の子も、自分で身支度を整え、「お姉ちゃんのバスへ行こう」と、たくましい足取りで歩きだしました。子どもながらに、いつもと違う空気を感じ取ったのでしょう。その後ろから、うれしそうにお母さんがついて帰られました。

子どもは、「やってみたい」と、挑戦する意欲を持っています。ただ1人では、困難なこともあります。そんなとき、親が一緒に体験してあげると、見守られていると安心できます。たとえ挑戦が失敗しても、受け入れてもらえたと感じます。そんな安心感が、次に挑戦する意欲や勇気につながっていくのです。

通学コースを歩いたり、バスに乗ったりと、家族と一緒に「初めて」を体験した2人は、新しい生活の第一歩を安心して踏み出すことができるでしょう。

（礒野久美子）

新しい園生活

感情の揺れ、積み重ねて成長

新しい生活が始まる4月。幼稚園、保育園などに入園したお子さんのいる保護者の方も多いのではないでしょうか。そして、「幼稚園に行きたくない！」と毎朝、泣いているお子さんや、それを見て、頭を悩まされている保護者の方もいるかもしれません。

私は2016年、3歳児の担任をし、かわいい新入園児とともに、この4月を過ごしていました。私のクラスにも毎朝のように泣きながら登園する子が何人かいました。その中の一人、Aちゃんも母親と離れた後、しばらく泣いていました。そんなAちゃんを私は膝の上に乗せて、「そうだね。お母さんといたいよね」と、Aちゃんの気持ちを受け止めながら、しばらく一緒に過ごしていました。

子どもたちのすごいところは、このまま泣きながら1日を過ごさないというところです。Aちゃんも、私の膝の上に10分ほど座っている間に、自分の気持ちと格闘しながら、気持ちを切り替えていたのです。

そして2学期、3学期と過ごしていくうちに、Aちゃんは、「今日はBちゃんと、砂場で工事ごっこをして遊ぶ」などと、やりたいことや、一緒に遊ぶ友だちの名前を言いながら、自分から母親と離れられるようになりました。幼稚園で自分の好きな遊びをしたり、気の合う友だちができて一緒に遊んだり……と楽しいことをどんどん見つけ始めたのです。大人以上に環境の変化への適応が柔軟な子どもたちは、すごいですね。

Aちゃんは毎朝、母親と離れるときに「悲しい」と感じると同時に園内の人、もの、草花、生き物などの環境にも触れ、心を揺れ動かしていました。毎朝、同様の体験を繰り返しながら、さまざまな感情体験もしていたのです。Aちゃんのそういった体験の積み重ねが、今後の育ちにもつながっていきます。

Aちゃんの母親は登園時、「いってらっしゃい」と笑顔であいさつをして、Aちゃんを送り出し、後は幼稚園に任せてくれていました。保護者の方がお子さんのありのままの姿を受け入れつつ、「大丈夫！」と、どんと構えて笑顔で送り出してくれることが、子どもたちにとっても、受け入れる私たちにとっても大きな支えとなります。

週明けの月曜日、泣きながら登園する子もいると思います。そんな気持ちを受け止めつつ、笑顔で「いってらっしゃい」と送り出し、帰ってきたときにも笑顔で「頑張ったね！　お帰り」と抱きしめ、迎えてあげてくださいね。

（白石　肇）

誕生会

子どもの成長を共に喜ぶ

子どもの誕生日には、家庭でもお祝いをしていると思います。かつては数え年という年齢の数え方をしていたため、誕生日を祝うことは、比較的新しい習慣のようです。それでも、昔から1歳の誕生日は特別に祝われていました。無事を喜び健やかな成長を願って、赤ちゃんに餅を背負わせたり踏ませたりして祝う風習は、今でも各地に残っています。

先日、幼稚園で誕生会がありました。遊戯室に全園児が集まり、2月生まれの誕生児が保護者と共に入場してきます。進行役は、年長クラスの子どもたち。まず、誕生児が、自分の名前とクラス、年齢、今頑張っていることについて話します。年少児は好きな食べ物を言います。堂々と言う子もいれば、恥ずかしがってもじもじする子もいます。保護者も子どものことを話します。お手伝いなど頑張っていることや良いところを話してくれます。

誕生児は、写真や記録に先生のメッセージが添えられた誕生カードと、手作りのプレゼントをもらいます。その後、誕生会の歌、園長からのお祝いの言葉、プレゼントの出し物と続き、次の月の誕生児を紹介して終了です。誕生児は、みんなとタッチしながら退場。周りの子どもから笑顔で「おめでとう」と声を掛けられ、どの子も最高の表情で歩いていきます。

この日は誕生児の保護者には特別の参観日になっています。誕生会が終わった後には、子どもの様子などを話してもらいながら、保護者の方々と園長、副園長で懇談します。

誕生会は毎月行われますが、子どもにとっては1年に1回の主役の日です。4月から自分の誕生会が来るのを心待ちにしている子もいます。みんなの前で話すことを家で練習する子や、お母さんに言ってほしいことを自分から伝える子もいます。待ちに待った日なのです。子どもたちにとって誕生会は、自分の成長を感じるだけでなく、家族や友達から祝福され、自分が認められていると感じる機会にもなります。そのことが自己肯定感につながり、さまざまな課題に挑戦していく土台になるでしょう。

子どもが健やかに育つことは、決して当たり前ではありません。誕生日や誕生会では、改めてそのことに感謝しながら、子どもの成長を共に喜んであげてほしいと思います。

（横川和章）

雨の日の過ごし方

子どもの話を聞く機会に

雨が多くて蒸し暑い日。植物にとっては恵みの雨で、1日で丈が伸びて青さが増すことがあり、驚かされます。子どもの場合、これほど目に見える変化があるわけではありませんが、気候の変化を感じながら遊びや生活を送る中で、体調を整える力や抵抗力などの内的な体力を備えてきます。

一方で、天気がぐずつくと、家の中にこもりがちになり、何をするか迷い、結局、何となく1日が過ぎてしまうこともありませんか。保育所や幼稚園でも室内での遊びが増えますが、子どもが活発に動き回ると、保育室は手狭になります。環境を整えたり遊具をそろえたり、新しい遊びを提案したりなど、保育の工夫が必要になります。

雨の日の保育で印象的なエピソードがあります。15年余り前、梅雨の時期のこと。5歳児クラスの子ども6人が私の周りに集まってきました。朝の「お集まり」の後、みんなで一緒に何をしようか相談していたのですが、見つからないと言うのです。私も話し合いに加わりましたが、ずっと雨が続いていて、室内にいてみんなでできる遊びはやり尽くしたようでした。そのうち、1人の子が座って話をしようと提案しました。

身を寄せ合って小さな丸テーブルを囲むと、それだけで笑顔になります。別の子が、いいこと思いついたと言い、コップにお茶を入れて持ってきました。他の子もならい、私の分のお茶までくんできてくれました。その後は、文字通り茶飲み話です。最近行ったところ、見たテレビ、悪夢、お母さんに怒られたこと、どの先生が好きか、年少児クラスの思い出など、たくさんの話題が出てきました。大笑いしたりしんみりしたり話は盛り上がって、気がつくとお片づけの時間になっていました。

随分とのんきな話ですが、今、私たち大人は、じっくりと子どもの声に耳を傾けているでしょうか。「する」ことが見つからないとき、子どもに何かを「させよう」としていないでしょうか。保育界では「遊びの中の学び」が重視されますが、何かを「学ばせよう」と前のめりになってはいないでしょうか。少子化が進み、子育てや保育に手をかけるあまり、子どもは、大人の要求の対象になっているように思えてなりません。雨の日だからこそ少し心を落ち着けて、子どもと同じ目線になっていろいろと話をしてみませんか。

（石野秀明）

イモムシの不思議

目に見えない大切なこと

わが家では2017年の夏、78匹のイモムシたちを育てました。妻と3人兄弟の世話で、その多くはアゲハチョウとなって大空に羽ばたいていきました。でも、中には羽化に失敗して羽が縮れてしまったものもあれば、ヤドリバチに寄生されてしまったものもいました。

虫にもそれぞれ個性があります。子どもたちは、その一匹一匹に思いを込め、弱った子をそっと花のところに連れて行きました。妻と子どもたちとの会話には、生命の不思議や生きていることのありがたさ、といったことがたびたび出てきていました。

6年の長男も3年の次男、1年の三男もそれぞれの考えで生きることについて考えたり、感じたりしていました。子どもたちは目で見たり、肌で感じたりしたものから、目で見えないものへの理解を深めていったのです。

これからの世界で必要となる資質や能力とは、目に見える点数などで測れないものになってきています。近年、幼児期に質の高い保育を受けた子どもたちは大人になってから優位な仕事についたり、年収が高くなったりする率が高いという研究が欧米を中心に出てきました。

しかし、そこで育った力はやる気や協調性、自分を律することなどいわゆる非認知的能力と言われるものでした。逆に、早いうちから読み書きや計算ができるように訓練しても、小学2年生くらいでその効果は消えてしまうとも言われています。

これまでも日本では、社会性や協調性が重視されてきましたが、幼児期から児童期にかけて、そうした力を育むことが大切であることが証明されたといえます。小さいころの社会的・情動的側面の育ちが、中学生くらいになって結果として出て、それが大人になったときの生き方に影響してくることが次第に明らかとなったのです。

夏休みに、子どもたちは多くの人や生き物に出会いながらその生命を謳歌《おうか》します。時折、羽目を外しすぎて怒られることもありますが、こんなときこそ、親子や子どもたち同士で一緒に楽しんだりぶつかったり、自然の不思議さに触れたりして、豊かなときを過ごしたいものです。

目に見えない大切なことについて一緒に考えてみてはいかがでしょうか。（鈴木正敏）

祖父母との交流

心の原風景として記憶に

夏休みや大型連休など、子どもを連れて帰省される方も多いのではないでしょうか。祖父母も、久しぶりに会う孫たちのために、「どこに連れていこうか」「何を買ってあげようか」と心を砕かれることと思います。子どもにとって、普段自分をかわいがってくれる両親やきょうだいだけでなく、ちょっと距離を置いた目で見守ってくれる祖父母の存在は、貴重です。

知り合いの高山恵子さんは、発達障害の支援をするNPO法人「エジソンクラブ」の代表です。小さいときからひらめきはいいが落ち着きがなく、失敗して叱られることが多かった彼女を、祖母はいつも「そのままでいいよ」と全面的に認めてくれたといい、そのおかげで自分をだめだと思わずにいられたそうです。

2015年7月末からワシントンで開かれたOMEP（世界幼児教育・保育機構）の会議に出席してきました。子どもの健やかな成長を願い、笑顔と遊びを育みたいという熱意は、全世界共通であるとの思いを強く持ちました。

子どもたちは敏感です。周囲の大人の温かい輪の中で、「自分は愛されている存在である」と実感できることが基本的な自己肯定感を育みます。乳幼児期の記憶は、潜在的な記憶なので大人になったときに言語で表現することはできませんが、両親だけでなく、祖父母や周囲の人たちから愛されたという実感は、子どもが人を信頼する気持ちの土台にもなるのです。

「早く早く」とせき立てることなく、子どものペースに合わせてゆったり付き合うこと、「へえ、そんなこと覚えてきたの」とじっくり子どもの思いに耳を傾けることなどが、本当の意味の「見守り」です。それができるのは、人の育ちには時間が必要なことを実感として持つ祖父母世代の特権かもしれません。

添い寝しながら「むかーしむかし、たぬきさんとうさぎさんが……」と昔話を語ってくれた祖母、汗だくになりながら何匹もセミを取ってくれた祖父。祖母の声の調子や祖父の白いシャツ、うちわの風から漂う蚊取り線香の匂いなどが、心の原風景として今も存在しています。

子どもたちにこうした心の原風景となる人との触れ合い体験をさせてあげたいものです。

（高畑芳美）

運動会での挫折

助言はタイミング見極めて

秋は運動会の季節です。幼児は運動会を通して心も体もたくましく成長していきます。花形競技の一つである「リレー」を取り上げてみても、子ども自身が悔しさや喜びを感じる経験、練習の過程で困難を乗り越える体験を経て、一回り成長した姿をみせてくれることでしょう。こうした教育的な意義が運動会にはあります。

ただ一方で、運動会は大きい行事である分、子どももいつも以上に頑張り、またその結果にいつも以上に傷つきやすいものです。普段の遊びとは違う「大事なとき」であり、「多くの人から見られる」機会は、幼児期にはそう多くはありません。

30代のHさんは幼稚園の年長組のときに行われたリレーで、自分のチームが1位の状況でバトンが回ってきました。トップを守ろうと懸命に走りましたが、2位との差は見る見る縮まり、最後には逆転されてしまいました。結局そのままチームも2位に終わり、Hさんは幼いながらも周りの仲間に申し訳ない気持ちになったといいます。リレーで抜かれたり、転んだりというシーンは運動会で毎年のようにみられます。

しかし、Ｈさんが鮮明に覚えていたのは、抜かれてしまったこと以上に、リレーの後、親が掛けた何げない言葉でした。「よく頑張ったね。でも後ろを振り向きながら走らなかったら、もっといい勝負だったかもしれないね。惜しかったね」。Ｈさんは、その言葉が深く心に刺さり、人前で走ることに苦手意識が芽生えていきました。

自信を失った子どもは、タイミングが悪ければ、大人の親切なアドバイスを、残酷な評価として受け止めてしまいます。ではどう言葉を掛ければよいか答えはありませんが、アドバイスに関してはタイミングが重要なのでしょう。

実は運動会で実施した競技の多くは、その後も日常の保育の中で取り組まれています。このことは、子どもが挫折を乗り越えるチャンスが運動会の後に訪れる可能性があるということです。

運動会から数日がたち、悔しさから立ち直りかけた子どもは、どうしたら速く走ることができるか、うまくできるか考えはじめます。そのときがアドバイスのチャンスです。子どもの様子をうかがってみてください。


（大和晴行）

身近な秋

遊びの中に取り入れて

秋が深まってくると、イチョウやモミジが色付き、カキやサツマイモが収穫のときを迎えます。日々の何げない光景に、実りの秋を実感します。

保育所や幼稚園でも、秋は保育が充実するときです。厳しい夏の暑さを越えて、運動会や音楽会などの行事をやり遂げて、子どもは一回りも二回りも成長していきます。友達との関わりでは、時にはトラブルもありますが、深く広いつながりを感じられるようになってきます。

子どもは、遊びの中に秋の実りを取り入れていきます。エプロンを着けた4歳児が、紙粘土に粉絵の具を練り込んで生地を作り、ドングリや木の実、小さな枝でトッピングをしていました。とびっきりおいしいお菓子やケーキを食べてほしい気持ちでいっぱいです。先生に頼んでテントを出してもらってテーブル席を用意し、「いらっしゃいませー」と呼び掛けます。

5歳児は、木の実や種、枝葉、小さな板などを使って、アクセサリーや小物を作っていました。一つ一つに発想が息づき工夫が凝らされています。商品を飾るついたてやテーブルも、先生と協力しながら作り、本当のお店のようです。

土山では、子どもがドングリを転がして遊んでいます。牛乳パックなどで作ったコースで複雑な転がり方を楽しむ遊び、ペットボトルと木の板でジャンプ台を作って飛ばす遊び、土山を掘っていろいろなコースを作って転がす遊び。ドングリになりきって土山を駆け下りる遊び。ドングリ転がしから、これだけ多くの遊びが出てくるのです。子どもの旺盛な好奇心にあらためて驚かされます。

子どもの思いを満たすだけの実りが、園庭に自生していることはまずありません。地域に散歩に出掛けたときに拾い集めたり、先生が別に準備をしたりしているのです。

さて先日、近くの公園に立ち寄りました。休日ですが子どもの数はまばらです。足元に目をやると、いろいろな形のドングリがたくさん落ちていました。誰も拾った様子はありません。築山には色付いた落ち葉が積もっています。歩いてみるとフカフカとしていて心地良かったのですが、踏みならした痕跡はほとんどありません。秋は行楽シーズンで遠くに出掛けるのも良いですが、身近な秋を気楽に楽しんでみませんか。

（石野秀明）

子どもへのご褒美

物より感動を残す体験を

学生の教育実習の時期が迫るたび、ぜひとも育てておきたいと願うことがあります。それは子どもと関わる大人として、その何げない言葉やしぐさに感動する心を持ってほしいということです。

三重県名張市の私立保育園の保育士が、沐浴《もくよく》室に何度も行こうとする1歳の女児を止めようと、全自動洗濯機の中に約1分間とはいえ放置したという報道を聞き、行動の理由を探る心の余裕をなくしたやり方に怒りすら覚えます。そこで今回は、幼稚園で目にしてきた教師のだっこを取り上げながら、子どもを守り育むための大人の目について考えたいと思います。

幼児期の子どもたちと生活する中で、だっこは珍しいことではありません。幼稚園でゲームの激戦を勝ち抜いた子どもが教師からだっこされ、喜んでいる姿を目にしても特別なこととは感じていませんでした。

ところがあるとき、学生が「幼稚園時代の思い出は、誕生会のときに1人で歌った後、園長先生が『お上手に歌えましたね』と言って、だっこしてくれたことです」と話してくれました。それはとてもうれしくて、胸がわくわくしたのを今でもよく覚えているとのこと。この話を聞いてから、教師が子どもを表彰するとき、だっこすることの意味をあらためて考え直しました。

私たちは子どもの年齢を考え、よくできたことだけを教育のためだと言って褒めます。しかし、誕生日のだっこや勝利を祝うだっこは、子どもが一生懸命にやり抜いたことを一緒に喜ぶだっこでした。それは普通のだっこではなく、成長を喜ぶ心が込められています。難しさやたやすさなどにかかわりなく、子どもの言葉やしぐさを心から喜んで、理由抜きで子どもを褒める心を大人は取り戻したいものです。

私たち大人は、子どもを褒めるとき、みだりに高価な物に頼ったり、子どもの要求に応えるご褒美を与えたりするのではないでしょうか。子どもたちは、ご褒美をもらって喜び、ご褒美をもらいたくてまた頑張ろうとします。子どもにご褒美を与えることは大切ですが、心のご褒美を与えることが、何よりも大切です。

子どもの心を励まし、わくわくした感動を残す。これこそが、子どもへのご褒美なのではないでしょうか。

（橋川喜美代）

伝統に触れ、心を育てる

12月、幼稚園ではクリスマス会を開きます。全園児が集まって、クリスマスの歌を歌ったり、有志のお母さんによる楽器の演奏を聴いたり、先生からクリスマスについての説明を受けたりしていました。そのうち、サンタクロースがやってきて、園児たちは大興奮。とても楽しい会でした。クラスに戻ってからは、満面の笑みを浮かべながらケーキを食べていました。

クリスマスは今ではすっかり定着した行事になっていますが、それだけでなく、餅つきやお正月、節分、ひな祭り、端午の節句、七夕、お月見など、日本には四季折々の年中行事がたくさんあります。これらは幼稚園や保育園の保育の中でも大切にされていきます。年中行事やそれぞれの地方で伝えられている行事を体験し、伝統文化に触れることは、子どもたちの豊かな人間性を培っていくことにもつながっています。

大みそかやお正月は、家族で過ごされる方が多いと思います。祖父母の家で一緒に年末年始を過ごす方もいるでしょう。中には、海外という方もいるかもしれません。家族そろって過ごす時間を子どもたちも楽しみにしていると思います。

年末年始には、門松を飾ったり初詣に行ったりといろいろ特別なことがあります。餅つきをしたり、年越しそばやおせち料理、お雑煮、七草がゆを食べたりといった食に関する伝統的な風習も多くあります。幼い子どもでもその雰囲気は感じられるでしょうし、少し大きくなってくると、風習などに興味を持ちながら楽しむこともできるかもしれません。

親が伝統文化や行事を大切に感じ、それを子どもに伝えていくことは、季節を感じたり、自国の文化を理解したり、人やものに感謝したりする心を育てていくことになりますし、家族との温かい交流の場にもなります。

「お正月」の歌にも歌われているように、お正月には、昔から伝わるこの時季ならではの遊びがあります。たこ揚げやこま回し、羽根突き、さらにはカルタや福笑いなど室内の遊びもあります。家族が集うお正月だからこそ、ゲームばかりでなく、このような遊びを皆で楽しむのも良いのではないでしょうか。大人も楽しめますし、懐かしさも感じられると思います。

（横川和章）

新しい年を迎えて

小さな慣習を大切に

元日に近くの神社に初詣に行ったときのことです。遅めの昼食を済ませてから出掛けたのですが、駐車場はいっぱい、社殿に向かう参道に長い行列ができています。どのぐらい待つだろうと思いながら、境内を眺めてふと気がつきました。子どもの姿がとても少ないのです。

帰りにショッピングモールに立ち寄りました。お年玉をもらった子どもがいっぱいです。そこかしこで店員さんとお父さん、お母さんが話をしています。前年末に売り出された人気の玩具はすでに売り切れ、入荷未定の札が下がっています。

よくあるお正月の風景かもしれません。空にたこが舞わなくなり、公園でこまを回す子もいなくなりました。大掃除はハウスクリーニング会社に、おせち料理はコンビニでも注文できる時代です。普段は子育ても仕事も忙しい、年末年始ぐらいはゆっくり過ごしたい。よく分かりますし、いいのですが、小さな疑問が浮かびました。

「一年の計は元旦にあり」といいます。子どもは、「新年を迎える心」をどのように育んでいるのでしょうか。

元旦に初詣に行くように、1年の中にはさまざまな節目があり、特有の慣習を伴います。私たちは節目ごとに心を新たにして、生活の折り目を正しますが、それを目に見える形にしたのが慣習です。年始の慣習が著しく失われたとき、子どもは、希望や感謝の気持ちを深く感じて、新年を迎えることができるのでしょうか。

初詣の風景に戻ります。1組の家族が末社のほこらにお参りしていました。皆が拝礼を済ませた中、幼い子どもが、手を合わせたままじっと動こうとしません。周りの人たちは、ほほ笑ましく見守っていました。願いのこもったお祈りがようやく終わった後、お母さんが、随分長かったねと尋ねました。その子は答えました。

「神さまが分かるように、住所と電話番号、家族の名前を言ってから、みんなのことを一人一つお祈りしたんだよ。あのぐらいはかかるでしょ」

少しうれしくほっとした一幕でした。これは一つの例ですが、家族ですてきなときを重ねられるよう、小さな慣習を大切にしてみませんか。

（石野秀明）

健やかな育ち

安心できる「居場所」が必要

「あなたのお子さんは健康ですか?」。そう尋ねられたら、どう答えますか。「あまり風邪もひかないし、よく食べるし、健康じゃないかな」とか「幼稚園や保育所でも楽しそうにしているし、元気だろうな」などと思われる方も多いでしょう。

以前、幼児や児童を育てている保護者の方々に、子どもの健康に関連する心と体の状態について調査したことがあります。その結果、心身の健康を評価するための子どもの様子として、「情緒の安定」といえる特徴が確認できました。具体的には、いらいらすることが少ない、がまんできる、あまりかっととならないなどです。他には、「運動遊びへの意欲」「睡眠のリズム」などの特徴も認められています。

つまり、子どもが健康であるための一つの条件として、心が落ち着いている状態にあることが挙げられるでしょう。言い換えれば、一人一人の子どもにとって、家庭、幼稚園、保育所、地域が、安心して生活のできる「居場所」になっていることが重要なのです。落ち着いて活動できる環境があるからこそ、子どもは、それぞれの持つ能力を伸び伸びと発揮し、自ら学び、成長していきます。前に述べた健康状況の良さは、子どもの就寝時刻の早さやテレビ視聴時間の短さとも関係がありました。

年長児を担当する保育者から聞いた話ですが、ある時期にクラスの中にささいなことで友だちとのトラブルが多くなった子どもがいたそうです。家庭の様子を聞いてみると、母親も仕事に出るようになり、夕食や就寝などの生活リズムも次第に夜型化し、保護者の時間的、精神的なゆとりも少なくなっていました。保護者に子どもの様子を伝えると、両親がこれまで以上に家事や育児を協力し合い、家庭で子どもと関わる時間も意識的に増やしたところ、園での様子も落ち着いてきたそうです。その子にとっては、親の就労状況の変化により、家庭が一時期、安心して過ごせる場所でなくなっていたのかもしれません。

とくに年度末を迎えるころ、子どもは進級、入園、転校など、大人も異動、転勤などで環境が変わりやすい時期です。子どもに関わる周りの大人が、それぞれの場所で、子どもたちが毎日落ち着いて元気に過ごせているかをいつも以上に注意を向け、配慮していくことが、健やかな成長につながるのでしょう。

（足立　正）

小学校入学の不安

春休みに生活リズム整えて

卒園を間近に控えたある日、年長児たちが「私、青のランドセルを買ってもらったんだ」「私はベージュ色」「僕は緑」と、互いに自慢し合うほほ笑ましい光景が見られました。私はその子たちに「もうすぐ幼稚園とお別れね。今どんな気持ち？」と尋ねました。すると、ある子がしばらく考えて「寂しい気持ちとうれしい気持ちがシーソーしている」と答えました。

また、卒園式の練習の終わりでは、進行の「これで卒園式を終わります」の言葉に、思わず「幼稚園とさよならするのいやだ」と泣き出した子があり、それを見た周りの子たちも泣き出してしまいました。

この時期、3年間通い慣れ親しんだ幼稚園を卒園する寂しさと、小学校入学への期待と新しい環境への不安を募らせるなど、複雑な心境になる子どもたちの姿が見られます。こんな姿を目の前にすると、お父さんお母さんはどんな気持ちになるのでしょう。大丈夫かなと心配になっておられる方も多いのではないでしょうか。

大丈夫です。安心してください。これまでの子どもたちの園生活を振り返ってください。体はもちろんのこと、それ以上に心の成長が著しく、頼もしい年長児となっています。

では、お家の方が配慮すべきことは何でしょう。それは、これから迎える新たな生活に向けた生活習慣です。まず、春休みの間に生活のリズムを整えてあげましょう。ついつい夜更かしは避け、朝食やトイレの時間を考えて、早起きの習慣をつけましょう。

そして、これまではお家の方との通園だったのが、子どもたちだけの集団登校になるので、事前にお家の方も一緒に歩いて、通学路の道順や危険な箇所はないかをチェックしましょう。車で通ると見過ごしてしまいそうな新たな発見ができるかもしれません。ぜひ、親子で楽しみながら歩いてみてください。

さらには案外困るのが、トイレ。家庭や幼稚園では洋式トイレが普及していますが、小学校では和式トイレが多く残っているところもあるようです。それでなくても学校のトイレは我慢しようとする子が多いと聞きます。今から慣れておくと良いと思います。

4月にはピカピカの1年生。どんな新生活が始まるか楽しみですね。

（岸本美保子）

コラム◆ちょっと気になるシリーズ③

〈なくて七癖〉

子どもの癖は親にとって気になるものです。指しゃぶりや、目をパチパチする、服の袖口を噛む、これらの行動にもその子なりに意味があります。

大人でも発表の出番を待つ様子を見ていると、椅子に座って膝をかくかく揺する、手のひらに人という字を書いて飲み込む等さまざまです。人は緊張を和らげたい時、手持無沙汰になった時、知らず知らずいろいろな動作（癖）をするものです。

むやみにやめさせようとせず見守り、子どもの好きな別の遊びに誘うなど気持ちを違う方向に向けてあげましょう。「だめ」と叱るよりずっと効果的ですよ。

（高畑芳美）

絵本紹介① 季節を楽しむ絵本

季節を感じられる伝統的な行事や、運動会、クリスマスなど子どもたちが大好きなイベントが楽しめる絵本を紹介します。

1月『おせちのおしょうがつ』作：ねぎしれいこ、絵：吉田朋子（世界文化社）
2月『おにはうち！』作：中川ひろたか、絵：村上康成（童心社）
3月『もりのひなまつり』作：こいでやすこ
4月『さんぽのしるし』作：五味太郎
5月『おかあさんがおかあさんになった日』作・絵：長野ヒデ子（童心社）
6月『かさ』作：松野正子・絵：原田治
7月『たなばた』再話：君島久子、絵：初山滋
8月『ひまわり』作：和歌山静子
9月『おつきさまこんばんは』作：林明子
10月『よういどん』文：渡辺茂男、絵：大友康夫
11月『ばばばあちゃんのやきいもたいかい』作・絵：さとうわきこ
12月『サンタクロースってほんとにいるの？』作：てるおかいつこ、絵：すぎうらはんも
※3、4、6〜12月は福音館書店

（礒野久美子）

4章　心と体で何が？

五感を育む

「もの」と「人」の環境整えて

近年の研究によると、赤ちゃんは高い能力を持って生まれます。その能力を引き出すには、子どもの発達に応じて、「もの」と「人」という（生活）環境を整えることが重要とされています。「もの」は身の回りのものすべてで、「人」は身近な大人との関わりがポイントになります。

赤ちゃんは、与えられた環境の中で、五感（視覚、聴覚、嗅覚、味覚、触覚）を通し、喜怒哀楽などの感情も含め、さまざまなことを学んでいきます。

２０１４年秋に開設した兵庫教育大学の子育て支援ルーム「かとうＧＥＮＫｉ《げんき》」では、主に０～３歳児の五感を育む環境を整備しています。時間をかけて良い親子関係を築いてもらうため、そのサポートもしています。

ＧＥＮＫｉには、「砂場」や「音の場」、「絵を描く場」のほか、ひもなどに触れるコーナー、畳やスロープのある遊具のコーナーなどを備えています。子どもは紙やフェルト、スカーフなどといった手触りの異なるものに手先を使って触れることや、全身運動などを通して、育っていきます。

音の場には、子どものための音楽を提唱したカール・オルフの考案した鉄琴と木琴や、太鼓が並んでいます。とても心地良い音がします。子どもたちはいつも音板をたたいて、音を奏でています。この楽器は音板の取り外しもできます。

あるとき、2歳の男の子が、バラバラになった鉄琴の音板を床に並べていました。それも隣の鉄琴の並べ方をよく見て、長さの順に並べています。並び終えた後、早速、音板をマレット（ばち）でたたきますが、思わずけげんな顔をして「ない」と声を出しました。床に並べた音板は、音が鳴っていますが、いつもの鉄琴の響きがないのです。普段の体験から、きっとその違いに気付いたのでしょう。これこそ感覚で身に付けた音を聞く力です。音の本質に触れた音楽性といっていいでしょう。

音の経験でいえば、最も身近で重要なものが人の声です。温かい穏やかな声に育まれた子どもは、本当に危険なとき、大人から発せられる厳しく鋭い声にハッとします。周りの大人は声を掛けるときには、その言葉の意味を考えて、思いを込めて配慮して声を出しましょう。大人の側に少しその意識があることで随分と感覚的な発達に良い影響を与えることになります。

（名須川知子）

自発的な遊びから学ぶ

「子育ては楽しいこともあるけれど、とても大変」。よく聞かれる親御さんの声です。世の中は、合理化や迅速性を追求して便利になっているのに、子育てだけはずーっと同じ。そして子育ての第一の責任は親にあることは変わらないのです。若い親の世代は、昔よりも困難なことに直面している。これが現代の子育て事情です。

２０１４年7月に世界幼児教育会議がアイルランドで開催されました。テーマの一つに現代における子どもの発達保障がありました。0～5歳児が育つためには良好な環境が必要であり、子どもの生活や遊びを通して発達が保障されることが確認されました。これまでの科学的見地から、乳幼児の脳の初期発達は特に重要とされ、発達には生活の質が大きく影響するそうです。では、何が脳の初期発達につながるのでしょうか。

２０１４年秋から兵庫教育大学でも子育て支援ルームを開設しました。ここでは、より良い環境の中で、0～3歳の子どもと親が、安心してゆっくりとした遊びの時間を持ってもらうことを目的としています。本書を執筆している先生方で運営しています。子どもが能動的、自発的に活動し、親御さんはゆっくりと後について、わが子がどのようなことに関心を持って活動していこうとしているのか、ほほ笑みながら見守っています。

ある日、もうすぐ2歳になるA君が、双子の人形用で大きめのベビーカーに、大きな積み木を積み上げて意気揚々と搬送していました。スロープを上がり、下がり、それがうまくいくと次は段差を上ることにチャレンジ！　その様子を見ていたお母さんがそっと後ろから車輪を持ち上げてサポートしていました。段差を克服したA君は「やったー！」という笑顔を私たちスタッフに向けてくれました。こちらも思わず「やったね！」と拍手。このA君の様子は、遊びの中での学びといわれるものです。

何げなく見えますが、子どもは身の回りのさまざまなものに興味や関心を持ち、試行錯誤しながら遊んでいます。自ら進んでの遊びは学びにつながり、脳の初期発達を促します。そんな共通認識を持ち、みんなで子どもを育てる社会を目指していきたいと考えています。

（名須川知子）

幼児期の「遊び」

興味、関心が学びの基盤に

幼い子どもにとって、自ら興味、関心を持って遊ぶときこそ、「学び」のときでもあります。周囲のものや人と関わりがあるときこそ、感情が動き、能動的に行動できるからです。

兵庫県教育委員会では2012年度、幼児期の学びとして「遊び」を位置づけています。それは「感じる―考える―表す」というプロセスを持ち、ものや人と出あうことで感じることが学びの基盤となっていることを意味しています。

「これって何だろう」という気持ちで、どきどき、はらはらすること。そのことが子どもにとって学びのスタートです。一目散に遊びに向かっていく子どもは、そのスタートを切っています。

しかし、物おじしてお母さんの後ろでそっと様子をうかがっている子どももいます。そのようなときは、ぬいぐるみやおもちゃを持ってきて、そっと差し出してみます。

初めて見るものは効果抜群です。子どもは見ようとします。それを動かすと、さらに関心を持ちます。子どものまなざしに注目してみましょう。ハッと目の中に光が宿ることがあります。きっと「これ、なあに？」という思いがひらめいている瞬間です。そこから、手を伸ばす場合もあれば、他のものに興味を持ち始めることもありますが、そのときこそ、子どもの中で何かが動き始めているときでもあるのです。

このような瞬間を繰り返し積み重ねて、子どもは、日々の生活の中で体験を通して学びを深めていきます。このようなプロセスを考えると、遊びに対する自発性が子育ての要であり、わが国で昔からつくられてきたおもちゃは、関心を持った子どもが、自ら操作でき、大変工夫されてきたものであることが分かります。

われわれは今、乳幼児教育におけるＥＳＤ（持続可能な開発のための教育）を研究しています。ＥＳＤとは、平和や貧困、環境といった地球規模の課題に取り組む態度を育成し、実行する人を養成することとされます。

昔から伝わるわらべうた、お手玉、たこ揚げ、こま回しなどの伝統的な遊びもＥＳＤです。そう考えると特に幼児教育では、意識しなくてもＥＳＤを実践していたといえます。その究極の目的は「いのちの継続」。子育ての営みこそ、ＥＳＤの原点ではないかと思っています。

（名須川知子）

「安全基地」

戻れる安心感が自尊心育む

子育て支援ルームで、母親向けの子育て講座を行ったときのエピソードです。一緒に来ていた子どもたちは、いつもお母さんと遊んでいる部屋でお留守番です。母親だけが、別の部屋に行き講座を聴きます。

その際、別れ方もさまざまで、「A君、お母さん、お勉強に行ってくるから遊んでいてね」と話してから別室に行く方。わが子が遊びに熱中するまで傍らで見守り、気づかれないように、そっと出て行く方。それぞれの子育て術が垣間見えます。

そして、お母さんと離れた瞬間から、子育て支援員の出番です。いつも過ごしている部屋なのに、お母さんの姿が見えなくなると、「ママ～、ママ～」と泣き叫ぶ子。しばらく、おもちゃに熱中していたかと思うと、お母さんがいないことに気づき、急に「わぁ～ん」と泣き出す子。それぞれに気持ちを表現します。一方、「ニンジン買ってきてね」などと、ままごとコーナーで、終始、友だちと遊びを楽しんでいる子もいます。

日々、子どもたちの生活を見守っている支援員は、おもちゃで一緒に遊んだり、「心配ないよ」という気持ちが伝わるように、ギューッと抱きしめて背中をなでたり、愛情いっぱいに関わっています。そうすると、少しずつ不安も薄れ、遊び始める子もいます。子どもながらに、安心できる支援員という「安全基地」を見つけて、気持ちを立て直しているのでしょう。最近、支援員研修をするとき、「子どもにとって、お母さんは安全基地だね」という言葉をよく使うようになりました。

1歳の子どもでも、お母さんと遊んでいる場所から、1人で隣の部屋まで冒険に行き、そこで、お絵かきや汽車のおもちゃを走らせて遊んでいます。しかし、不安なことがあるとすぐに戻ってきます。お母さんにくっつき、「大丈夫だよ」と、抱きしめてもらうと、また安心して冒険に出掛けます。

「この人の所に行けば大丈夫。絶対に裏切らない」という戻れる場所「安全基地」がある安心感が、子どもの自尊心（自分を受け入れ愛する気持ち）や自制心（気持ちをコントロールする力）を育んでいくのでしょう。安全基地は、母親だけではありません。時には、父親であったり、祖父母や支援員であったりと、子どもが成長していく中で、多い方がいいですね。

（礒野久美子）

わらべうたや絵本

心地よいリズムを体感させて

「子どもはリズムに生きる」とは、作曲家であり音楽教育者であるドイツのカール・オルフの言葉です。彼はドイツ語のもつ言葉のリズムから子どものための音楽を着想しました。「言葉」「音」「リズム」「動き」は渾然一体となり、子どもの生活や遊びの中に自然に見られます。

例えば、わらべうた遊び。本来、わらべうたとは、子どもが遊びの中で自然に歌いながら活動することを想定しています。長縄跳びで「おおなみ、こなみ」という歌を歌いますが、これは歌に合わせて縄を動かし、歌詞の内容が遊びの順序になっています。歌を覚えていれば遊びが進み、つまずくまで交代しないというゲーム性があります。

このような遊びは、メロディーと歌詞、体の動きと遊びが一体化されたもので、それらに共通する要素が「リズム」です。本学の子育て支援ルームでも、ボランティアグループによる親子で、わらべうた遊びをしています。

まず、お母さんの膝の上で、ゆったりとお母さんの声を聴きます。すると自然とお母さんの体も揺れて子どもも一緒にリズムを感じ、言葉の抑揚、音の響きとともに子どもの体に染み込んでいきます。全身を委ねる、といった心地よさがあり、これが音楽的体験の始まりです。

また、オルフの理念に基づいた楽器コーナーもあります。そこには多種類のリズム楽器と鉄琴、木琴があります。その特徴は、音の響きがとても良いということです。

あるとき、カスタネットを持った子どもが手足も一緒に動かし、体全体がカスタネットのようでした。このように、子どもは体を通してリズムを感じます。ときには、絵本の言葉にもリズムがあり、繰り返しがあり、というように。そこにリズムへの共感が生まれます。鉄琴をポンポンポンとならすと、お母さんが木琴でポンポンポンと応えます。これは、音の響きで会話をしているようです。見えない音の波長が心地よく響きます。

絵本の読み聞かせも同じ。お母さんの優しい声が響きとしてリズムをもって、子どもの心に快く伝わります。今は、電子音があふれている時代です。周囲から聞こえる機械音から、本来の心地よさを得られているでしょうか。現代だからこそ、リズムや響きの心地よさを体で感じる、共感できる子育てを目指したいと思います。

（名須川知子）

「いい子」の危うさ

社会で生き抜く力育んで

親ならば、子どもは「いい子」に育ってほしいと願うでしょう。ところが、乳幼児期の子どもは心も体も急速に変化するため不安定な状態になり、たくさんの「負の姿」を見せます。しかし、それぞれに「育ちの意味」があります。

乳児はよく泣き怒ります。そのつどあやしてもらうことで、親がどんなときも自分を守ってくれることを実感します。3歳児は親に反抗的な振る舞いを見せます。初めて発見した「自分」を親にぶつけて確認する作業です。5歳児はいたずらをしたりおふざけをしたりします。親の反応を見て社会的な決まりの許容範囲を試しているのです。

子育ての中で、子どもの負の姿に向き合うのは大変なことだと思います。いつも笑顔でいることは難しく、厳しく接することもあるでしょう。しかし、度を超さなければ、決して悪いことではありません。親が「一人の人間」として、良い面も悪い面もありのままに見せていくことが大切なのです。子どもはそんな親と深く関わることで、人生には良いときも悪いときもあることを知り、たくましく生き抜く力を身に付けていきます。

ところが、今、こうした育ちの過程を踏んでいないのではないかと、疑問を感じる親子が増えてきました。Aさんは、突然大学に来なくなりました。きっかけは、ささいな対人関係のトラブルです。高校時代は、成績優秀で、部活動でも活躍してきました。「なぜこんなことになったのか分からない。自分が許せない」と落ち込んでつぶやきます。親には一切相談していないと言います。「両親が厳しくて怒られそう?」と水を向けると、Aさんは、キッと顔を上げて「私の両親は本当にいい人たちです。こんな姿は見せられません」と強い口調で言いました。

私は、Aさんの言葉に引っかかりを感じました。引っかかったのは、相談しない理由が、青年期らしく「親になんかいまさら……」ではなくて、「親の前ではいい子でいたいから」という点です。

親は子どもに期待を寄せ、幼いころから習い事など、能力獲得のためのメニューを用意します。子どもも一生懸命メニューを消化して「いい子」を演じようとします。しかし、こうした能力以外にも、寄り道をしながら、たくさんのことを身に付ける必要があります。変化に富んだ現代こそ、親は子どもの成長を長い目で見て、社会的に自立できる力を育むことが求められているのです。

（石野秀明）

体のリズム

早寝で日中を活動的に

お子さんはぐっすり眠って、朝すっきり起きていますか。体にはいろいろなリズムがあります。例えば体温は、明け方の起床前が低く、起きてから夕方前まで上昇し、その後は下降していきます。このように、1日の中で変化するリズムのことをサーカディアンリズム（概日リズム）といい、睡眠も人が1日の生活を送る中で定期的に現れる必要不可欠な行動であり、リズムの一つでもあります。

日本小児保健協会が2010年に行った1～6歳の子どもの生活調査によると、午後10時以降に就寝する幼児が約29％となっています。国際的にも3歳未満で日本の子どもが最も遅寝であったという報告もあります。1935（昭和10）年ごろは、夜の8時ごろには就寝する幼児が多かったようです。

就寝時刻が遅くなるとどのような影響が懸念されるのでしょうか。就寝が遅くなれば、夜の睡眠時間が足りなくなる▽就寝時刻が不規則になりやすい▽体温やホルモンの分泌、日光や気温などの他の生活環境のリズムとも同調しにくい——などから、朝起きたときの気分の悪さや体調不良につながる可能性があります。それは、日中の活動にも影響を及ぼし、本来の元気さを発揮できないことにもなりかねません。

最近の調査によると、早寝の子どもは、遅寝の場合より、夜の睡眠時間が30分程度長く、遊びが活動的で、自分で朝起きる回数が多い傾向にありました。このことは、早く寝ることで、1日を快適に過ごすことにつながると考えられます。

昨今の状況では、昭和のころの時間に就寝することは難しい面もあるでしょう。幼児を育てているお母さんから、いつも午後10時以降に就寝していたけれど、生活リズムを意識して30分早く就寝するように心掛けたところ、朝の子どもの様子や日中の活動が元気になったように思うとの体験を聞きました。

睡眠や遊びは個人差もあり、一概にどうすればよいとはいえません。しかし、便利な時代になり、大人の生活に子どもを合わせてしまうことも少なくないでしょう。そこで、朝、自分で起きて、日中を元気に活動できているか、親の都合に子どもの時間を合わせていないかなど、睡眠の状況から子どもの生活を振り返り、朝型へ生活を見直してみることも大切ではないかと思います。

（足立　正）

思春期の下準備

子の心に届く褒め言葉

　子育てに奮闘中の家庭の毎日は、何事もスムーズに運ばなくて当たり前の生活、なかなか大変です。けれども、わが子が「一人で着替えができた！」「お箸が持てた！」と成長する姿を見せてくれるのは、親にとって日々の育児の大変さが報われる、喜びの瞬間です。「すごい、すごい！」「よく頑張ったね！」と褒め言葉が自然と出ます。

「褒めて育てて、子どもの自信とやる気を伸ばす」という考え方は、現代の子育ての基本として定着しています。褒めることはとてもシンプルな方針に見えますが、実は注意点があります。

　例えば、ピアノの得意な母親が、子どもにピアノを習わせ始めたとします。子どもはピアノが気に入り、進んで練習し、先生にも「上達が早いですね」と言われました。母親はとてもうれしくなって、「毎日練習して偉いわね。ピアノが上手なのはお母さんに似たのね」と褒めました。この言葉に問題はないでしょうか？　このような言葉は、子どもが達成したことを親の手柄にしてしまい、子どもを縛ります。親との類似を根拠に褒めることは、暗に「お母さん（お父さん）と違っていたら褒めないよ」と言っていることになります。

子育てに一生懸命の親が、「自分の子どもにはこうなってほしい」という理想や期待を抱くのは当たり前です。けれども、褒めて育てるのは、子どもが持って生まれた可能性を伸ばすためであり、親の理想や期待を実現するためではありません。親との類似を根拠にした褒め言葉を浴びた子どもは、ある時期までは期待に応えようと頑張るかもしれません。しかし、いずれやってくる思春期に、親とは違う存在であることを主張するためにひどく反抗したり、逆に親から離れることに強い不安を感じて自立心が持てなかったりします。思春期が複雑になる下地は、幼児期に準備されているのです。

「さすがAちゃん！　やったね！」。子どもが自力で成し遂げたことをともに喜ぶことが、褒め言葉の出発点です。

子どもは、親とはまったく別個の人格です。そのことを幼児期のうちから意識して、子どもの心に響く褒め言葉を磨いていきましょう。

（遠藤裕乃）

絵本紹介② シチュエーションで楽しむ絵本

子どもの成長にとって、絵本は大切なものです。赤ちゃんの時から、しっかりとお母さん、お父さんの声を聞いていますよ。はじめて出合う絵本は、ことばのくり返しやわらべうたのような楽しいリズムのある絵本がお薦めです。お父さん、お母さんもお子様と一緒に絵本の世界を楽しんでみませんか?

●リズムが楽しい絵本

『ころころころ』作:元永定正(福音館書店)

『がたん ごとん がたん ごとん』作:安西水丸(福音館書店)

●わらべうた絵本

『ととけっこう よがあけた』絵:ましま せつこ、案:こばやし えみこ(こぐま社)

●生活を楽しむ絵本

『きゅっきゅっきゅっ』『おてておててがでたよ』作:林明子(福音館書店)

『おふろだいすき』作:松岡享子、絵:林明子(福音館書店)

●心の成長を楽しむ絵本

『ぼくはあるいた まっすぐ まっすぐ』作:マーガレット・ワイズ・ブラウン、絵:林明子、訳:坪井 郁美(ペンギン社)

『ちょっとだけ』作:瀧村有子、絵:鈴木永子(福音館書店)

●家族で楽しむ絵本

『あやちゃんのうまれたひ』作、絵:浜田桂子(福音館書店)

●科学を楽しむ絵本

『びっくり まつぼっくり』文:多田多恵子、絵:堀川理万子(福音館書店)

(礒野久美子)

●お母さんのための絵本

『ごたごた絵本箱』松井るり子(学陽書房)

(遠藤裕乃)

5章　子どものために知っておきたい

おやじの会

生き生き活動、輝く背中

数年前、兵庫教育大学附属幼稚園長をしていたころ、「おやじの会」が、ＰＴＡ活動として正式に発足しました。父親が幼稚園に入りやすくする▽子どもの育ちについて会話ができるようにする▽親同士の交流を図る――などを目的に、保護者に提案、実現しました。

当初、あるお母さんは「何もしてくれなくても、こちらに目を向けてくれるだけでもうれしい」と話していました。ところが、おやじの会は、多くの人の予想以上に、盛り上がりました。まず、発足式という飲み会が実施されました。「子どものために何ができるか」と真剣な話し合いがあり、園側に多くの提案がありました。

園側は、古タイヤのペンキを塗ってもらったり、遊具入れや制服掛け、ビオトープを作ってもらったりしたほか、田んぼまで整備してもらいました。感心したのは、イクメンの仕事ぶり。ネットワークを駆使し、丁寧でスピードもあり、園側に逐一報告してくれました。

さらに、素晴らしい交渉力や宣伝力がありました。園内での田植えは、1年を通して地域ケーブルTVの取材を取り付け、堂々とインタビューに応じていました。ブログでもさまざまな活動を発信。「おやじ」の文字入りTシャツも着ていました。

幼稚園は活性化され、私も楽しくなりました。園児たちにも大人気。園内をかっ歩するおやじの背中が輝いていると感じたのは、私だけではなかったと思います。この活動は、子どもの成長とともに「進化」し、附属小、中学校も含むPTA連合会が誕生しました。もちろん、園のおやじの会も、精力的な活動を続けています。

「育児は大変だけど楽しい」。まずここからスタートです。そのためには、ぜひ父親にも子育てに参加してもらいたいです。やってみたいけれど何をしたらよいか、と迷われているお父さん。例えば、お子さん相手にコチョコチョッとこそばし遊びは、いかがですか？　スキンシップは楽しいです。

近年、幼い子どもをめぐる人たちの交流が減少し、その結果、母子密着状態となっています。多くの研究者が、このような状態は危険だと、警告しています。子育ては母親だけでするのではなく、周囲の人たちも一緒に楽しむという意識を持ちたいものです。

（名須川知子）

障害とともに生きる

発達に応じた道筋見つけて

生きていくために医療的な装具が欠かせない子、いろいろなことを知っているけれども人との関わりが苦手な子、さまざまな障害のある子とその家族に出会ってきました。保護者の方に出会ってお話をうかがうと、本当に頭が下がります。「よくここまで育ててこられたと思います」という言葉が自然と出てきます。生活や遊びの場面でみられる、親子ならではのさりげない関わりや心の触れ合いに、支援に当たる私たちの方が教えられることも多くあります。

わが子に障害があると分かったとき、親は少なからずショックを受けます。最初は認めたくないという思いを抱き、心を閉ざします。思い通りにならない子育てに、周囲からの目が気になり、いらだちや悲しみ、孤独を感じるものです。

ある程度認めざるをえないと覚悟が決まると、これではいけないと一生懸命調べ物をしたり、病院など専門機関を訪ね歩いたりします。わが子が示す成長に喜びながらも、やはり障害ゆえの育ちの壁も見えてきて一喜一憂します。将来、自分がいなくなったらこの子はどうなるのかと不安を感じます。

このような心の揺れを経験しながらも、親は、子育てのこつをつかんだり、同じ境遇にある家族と出会ったり、信頼できる専門機関からの支援を受けたり、保育所や幼稚園、学校の先生方と相談したりしながら、いくつかのよりどころを見つけていきます。そして、わが子の「障害」から少し距離が取れるようになり、「一人の人間」として、どのように生活を送ることが望ましいかを冷静に考えられるようになります。

障害は、多くの場合すべてを克服できるものではなく、簡単に受容できるものでもありません。無理に克服しようとすると大変ですし、受容できない自分を責めることはかえって事態を複雑にしてしまいがちです。

したがって「障害とともに生きる」なかで、子どもの発達に応じた道筋を見つけていく過程が大切です。むろん、進学や就労など、新たなライフステージを迎えるたびに、心の揺れが生じることでしょう。その際も、周囲に心開いて、よりどころを見つけていただければと思います。障害の有無に関係なく、人は一人では生きていけず、誰かとともに生きていくわけですから。

（石野秀明）

長いスパンで人生見つめて

子どもができたことをきっかけに結婚を決める妊娠先行型結婚は、「できちゃった結婚」とも呼ばれ、近年広がっています。厚生労働省によれば、「妊娠が先行しているとみられる子どもの出生」は全体の4分の1とされており、この20年間で若い母親を中心に倍増しているとの調査もあります。

妊娠先行型結婚に対する評価は近年大きく変わりました。背景の一つとして結婚の多様化が挙げられます。戦後の日本社会に多くみられた結婚は、そのきっかけを年齢に求めるものでした。女性は23歳、男性は26歳で結婚し、1年以内に子どもを持つという人生を圧倒的多数の人々が経験してきました。しかし、女性の社会進出が進んだ1980年代以降、結婚年齢にばらつきが出て、きっかけや人生上の意味にもさまざまなパターンがみられるようになりました。

こうした変化は、結婚式や披露宴にも反映されています。かつての披露宴は「両家の結婚を示す」ための画一的なものでしたが、近年では多様な選択がなされています。目的も「両親や友人に対する感謝」や「これからの決意」を表現する場へと変化し、自分らしい形で人生をスタートさせることが今日の結婚の主眼となっています。

「妊娠先行型結婚の夫婦は軽はずみである」との評価をよく見掛けますが、データの上ではそのような特質は今のところみられません。むしろ、仕事を持ち、数年の交際を経て、これからの人生を選ぶ準備が整ったタイミングで妊娠が分かったというケースが多数派です。また、子育てや人生設計について事前に話し合う傾向を持つという特徴がありますし。通常の結婚に比べて子どもをたくさん持とうとする傾向があるため、地域を豊かにするのではないかとの期待もあります。

人生の選択の本質的な根拠になるのは、年齢でも常識でもなく、その人自身の意思にあります。結婚状況の変化は、この事実をあらためて私たちに教えてくれています。

若くして結婚した夫婦は社会人としての生活経験が十分でないため、困難への対処を自分で発見しにくい傾向があります。もしも友人や家族で妊娠先行型結婚を選択した人がいる場合は、彼らの話をよく聞き、長いスパンで人生を見詰める視点を持つように促すことが大切だといえます。

（永田夏来）

地域のあり方

楽しく育児を分かち合う

先日、電車のホームでぐずついている2歳くらいの女の子を見掛けました。バギーにも乗らず、ホームの椅子にも座らず、何をしても機嫌の悪い声で泣いています。お母さんは一生懸命女の子を抱いて揺らしますが、機嫌は直りません。

私は「お出掛けですか?」と手を振りながら女の子に声を掛けました。すると、女の子は、泣くのをやめてじっと私の顔を見て、手を振りました。そこで、私が「バイバイ、上手にできるね」と言うと、ニコッと笑います。物珍しさとバイバイのやりとりで、女の子の気持ちも少し治まったのでしょう。

しかし、私も親御さんに遠慮して、それ以上の関わりを続けませんでした。大人同士の信頼関係が全くない状態では、さすがに気がとがめたからです。すると、女の子は、機嫌の悪い状態に戻ってしまいました。

兵庫教育大学が運営する子育て支援ルーム「かとうGENKi《げんき》」でしたら、子どもに話し掛けながら、お母さんに「どうしてほしいのかしら?」「新しいものには興味が向くようですね」と声を掛けます。ついでに「外出のときは子どものお気に入りのものがあったらいいですよね」などと、いろいろお話できるのですが……。

このことから、子どもの成長発達を促すためには、周囲の大人が知り合いになって、お互いに信頼し合うことがいかに大切なことか、あらためて感じました。

電車内では、この親子の様子を見て、近くの方が親子に席を譲ったり、バギーを支えたりしていました。ほかの子どもが心配そうに見ていたら、お父さんが「知らない人がたくさんいるから、驚いて泣いているんだよ」と説明するなど、周囲は穏やかな空気で包まれていました。

親子は次の駅で降りました。「バイバイ」と私が手を振ると、女の子は泣きながらも手を振ってくれました。このように、親子を優しく見守る社会になるといいですね。

新しい時代の子どもをめぐる地域のあり方が問われています。子どもをめぐって周囲の大人が信頼し合い、共に子どもを育て、地域コミュニティーをつくっていくこと、それは、子育て中の世代だけではなく、高齢者も含め多くの社会の人々が、楽しく子育てを分かち合うことでもあるのです。

（名須川知子）

「社会資源」の活用

地域とのつながり深めて

皆さんは「こども食堂」をご存じでしょうか。最近ニュースや新聞で取り上げられており、目にされた方も多いのでは。これらを「社会資源」ととらえ、活用しようという話をします。

２０１６年11月、加東市に2カ所目のこども食堂が開設されました。子どもの貧困や孤食で注目されていますが、食堂によって目的やコンセプトは大きく異なります。また「貧困」という言葉が話題性を高めている一方、決してこども食堂が貧困対策ではないことをご理解いただきたいです。

こども食堂の良いところは〝つながり〟。ことわざに「同じ釜の飯を食う」とあるように、一つの空間をともに過ごすことで、顔見知りから、あいさつをする。さらに、気軽に話ができる関係へと親睦が深まります。楽しくにぎやかな食事を通してネットワークが広がり、保護者にも居心地の良い場所になる。子ども、保護者と地域とのつながりが深まることが、こども食堂の成功につながるといえます。加東市のこども食堂に、私もボランティアスタッフとして加わっています。大学教員ではなく、地域のおじさんとして参加。子どもたちや保護者と話ができ、週1回の開催がとても楽しみです。

子どもたちには異年齢交流の場。お互いが楽しむために、考えながら遊ぶ姿は子どもの可能性を深く考えさせてくれます。幼児、小学校低学年の積極性や想像力、同高学年と中学生の優しさや柔軟性を知ることは、小、中、高校へと進む中で、役立つ力になるのではないでしょうか。学習支援ももちろんですが、私はこうした交流が子どもの興味や関心を広げるきっかけとなり、成長にかけがえのないものになると思っています。保護者にとってもホッと一息つける場、親としての責任から少し肩の力を抜いて、悩みを相談できる場になればいいですね。

「社会資源」という言葉を使いましたが、見渡せば活用できるものはたくさんあります。こども食堂もその一つ。新事業やユニークな取り組みは増えており、まだ知らない、役立つ資源がきっとあるはず。3月は、新学期などがスタートする4月に向けた準備の季節です。これから子育てを始める方、今も悩みながら子育てをしている方は、周りにどんな資源があるか探してみては。視野を広げる良い機会になるかもしれません。

（加納史章）

子育て支援ルーム

親子がともに学ぶ場に

兵庫教育大学の子育て支援ルーム「かとうGENKi《げんき》」は2014年秋に開設されました。学生やスタッフによる観察記録から、ルームに集う親子の様子をお伝えしたいと思います。

ルームにある木のおもちゃの周辺では、子どもたちのさまざまな挑戦が繰り広げられます。1歳2カ月のAちゃんは、Yちゃん（2歳11カ月）が、専用のスロープ上でおもちゃの汽車を走らせている様子をじっと見ています。Yちゃんが別のおもちゃを取りに行ったすきに、Aちゃんはスロープの前に行き、汽車を手に取るとレールの上に置き、滑走するのを待っています。

しかし、汽車は少し走ったものの、坂道の向きが変わるところで車両が重なり、動きません。Aちゃんは、何度も汽車を置き直しますがうまくいきません。表情がだんだん険しくなったことに気づいたボランティアスタッフが、隣から手を差し伸べ、まっすぐに置き直すと、汽車は加速をつけて坂道を下っていきます。

　すると、別の汽車をスロープに乗せて遊んでいたYちゃんが、Aちゃんの汽車の接近に気づき、即座に自分のものを持ち上げ先に通してくれたのです。ボランティアスタッフとYちゃんのお母さんの驚きはいうまでもありません。

　歩き始めたばかりの1歳のTちゃんにとって、人形用のベビーカーを押すのも、力の見せ場になります。最初は車輪の動きと歩く速さがかみ合わずひっくり返りそうになりながらも、わずか数分でスロープを上手に上れるようになりました。その姿にお母さんたちから称賛の言葉が漏れます。

　子どもの姿は、お母さんたちに、子育てを振り返らせます。ルームは、お母さんたちにとっては自信をつけたり反省したりする場、多様な関わり方を学ぶ場であり、子どもたちにとっては大人たちに見守られ、さまざまな力を獲得し、達成感や成就感を味わう場になっています。そして、そうした子どもの動きに秘められた優しさやたくましさが周りの大人たちを和ませ、親子の新たな会話を育み、絆を強めていきます。ルームでの多様な人との出会いが子どもの可能性を生み出す豊かな土壌になってほしいと願っています。


（橋川喜美代）

認定こども園

広げたい子ども育む輪

認定こども園は、幼稚園と保育所の機能を併せ持ち、地域における子育て支援を行う保育施設で、都道府県が認定します。とりわけ、親の就労の有無にかかわらず、0～6歳の子どもたちが一緒に育つところが利点です。

3歳から就学までの幼稚園児が、3歳未満児と関わる中で、どのように人の輪が広がっていくのでしょうか。研究協力園に生後57日目で入園したTちゃんのエピソードから考えます。

Tちゃんが生後63日目。3歳児3人が授乳の様子に興味を示し、保育士との会話が続きます。「みんなもお母さんのおっぱい飲みよったんよ」と言うと、1人が「こんなに小さかったん」と聞いてきます。「そう、ありんこみたいやった」と保育士。3人は「ありんこ!?」とびっくりしながらも、「こんな大きいなるんじょ」とTちゃんに向かって胸を張ってアピールしています。

3日後には、2歳児も授乳しているところに寄り添うなど、園児たちはTちゃんを新しい仲間として受け入れ、触れ合いが広がっていきます。

生後74日目のTちゃんにも変化が見られるようになりました。授乳中に保育士が他の子どもと話していると、眉間にしわを寄せ不快感を示します。保育士が「お話しよったらいやなん?」と話し掛け、目を合わせると、安心したように落ち着いて飲み始めます。

また、実習にきていた大学4年生が生後70日目のTちゃんをベッドに寝かしつけようと数度試みましたが、うまくいきません。諦めて担任保育士に託した途端、全身を預けてぐっすり寝入ってしまいました。その姿は全幅の信頼をあなたに置いていますと語っているようでした。

乳児はこのように自分の身になってくれる大人たちに見守られ、愛されることを通して、愛する心を育んでいきます。一方、Tちゃんによって、園児たちは、身も心も支えられ育ってきたことを実感できました。

少子化が進む中、子どもが自分の身になってくれる大人や仲間に見守られ、育まれる輪はどんどん狭められてきました。質の高い保育を提供し、お母さんたちが安心して預けられる認定こども園の開設が、地域の子どもを育む輪の再生につながることを願っています。

(橋川喜美代)

子育て支援新制度

親の目線で事業確認を

平成27年度から、子ども・子育て支援新制度がスタートしました。幼児教育と保育、地域の子ども子育て支援の質と量の拡充を図る制度です。具体策としては、例えば、幼保連携型認定こども園についての基準が見直され、新たな教育・保育要領が策定されました。また、都市部の待機児童解消とともに、子どもの数が減少傾向にある地域の保育機能確保のために、小規模保育などの地域型保育事業の充実が図られました。さらに、放課後児童クラブ（学童保育）の対象が小学6年生まで拡充されました。少子化が進む中、子どもと子育てを支えるための施策として一歩前進といえるでしょう。

これらの施策の実施主体は市町村。ほぼ全ての市町村に、保護者の代表や子育ての支援者など当事者が参画する子ども・子育て会議が設置され、ニーズ調査を基に「市町村子ども・子育て事業計画」が策定されました。計画は、広報やホームページを通し公開されています。市町村は、この計画に従って、事業を実施・評価し、随時計画を見直すこととされています。

しかし、国や市町村の厳しい財政状況を反映して、計画の策定段階で、すでにさまざまな課題が生じていると指摘されています。例えば▽一部の幼稚園がこども園の「認定」を返上する▽保育料の負担が増加する▽待機児童問題が残る――といったケースです。制度の趣旨に立ち返って、改善が求められます。

一方で、質の向上を図ろうとする取り組みも、兵庫県内では見られます。例えば、丹波市では、病児病後児保育と子育て支援の充実のため、全ての認定こども園に看護師と子育て支援専任職を配置することを条例で定めました。姫路市では、主任級以上の保育士と幼稚園教諭が30回以上の研究会を重ね、「幼保連携型認定こども園3歳児年間指導計画」を作成しました。宝塚市では、幼稚園教育審議会の答申において、公私立の幼稚園、保育所、認定こども園の教職員の研究と研修などの拠点となる「幼児教育センター」の設置が提言されました。

子ども・子育て支援新制度を支えるのは、実際に子育てに取り組んでおられる皆さん自身です。まずは、自分の住む市町村の事業計画を手に取って、適切に実施されているか確認し、子どものための一層充実した環境整備に力を貸していただきたいと思います。

（石野秀明）

幼児の道徳性に培う

親が豊かな感性と教養を

まず、タイトルの「幼児の道徳性に培う」という言葉に、違和感を持たれた方が多いのではないでしょうか？　「幼児の道徳性を培う」ではないのかと。でも、日本語としては「幼児の道徳性に培う」が正しいのです。なぜならば、そもそも〝培う〟とは、水をやり、土を肥やして顕在化、自覚化させ、大きく育てることを意味しているからです。だから、幼児の道徳性の萌芽に対して水をやり、土を養って強く大きく育てていくことなのです。幼児の道徳性はもともと萌芽的なものかもしれませんが、必ずあるのです。

では、どうすればその道徳性の芽生えに培う保育ができるのでしょうか？

それは、まず、先生や親自身が豊かな感性と豊富な教養を身に付けることだと私は思っています。保育者や親が身近な自然や美しいものに気付く力なくしては、幼児にそういった豊かなものを身に付けさせることなんてできませんよね。

例えば、子どもに「先生、先生、夕日はどうしてあんなにきれいなの？」と聞かれたとします。そのときに、先生は「それはね、○○ちゃんの心がきれいだからだよ」「夕日はね、その日の中で一番きれいな姿を見せて沈んでいくんだよ。だから朝日はね、一番元気になるような顔で出てくるから今度見てみようね」——などと話してあげることができるでしょうか。あるいは「今日一日、君が頑張ったご褒美かなぁ」などと、子どもの心が温かくなるような会話ができる豊かな感性が必要だと思うのです。

科学的な知識はもちろん必要です。しかし、幼児に自然に目を向かせたり、美しいものを美しいと感じさせられるように誘ったりすることもまた大切なことではないでしょうか。

だからこそ、保育者自身が、普段から自然に目を向けたり、美術館や天文科学館に足を運んだり、映画やミュージカルを楽しんだり、書や読書にいそしんだりすることが重要なのです。

まずは、自分自身が豊かな自然や文化に触れる機会を増やし、感性と教養を磨いていくことが、子育てには欠かせないのではないでしょうか。

日常生活や登園の途中にでも、前述したような会話ができるようなゆとりのある生活を営み、子育てを楽しんでいきたいものですね。

（淀澤勝治）

コラム◆今もっとも注目されているニュージーランドの保育とは

ニュージーランドには多様な保育施設の形態（細かく分ければ30以上とも言われています）があり、国からの管理（補助）体制も平等に保障されています。保護者は、これら保育施設から子どものニーズに合う施設を選択できます。保育費についても、保護者の就労の有無に関係なく、3歳以上の子どもであれば、週20時間までは無料となっています。保育内容は日本以上に「個性」を大切にしますので、基本的に「みんなで」何かをするという光景、いわゆる、「一斉保育」の場面はほとんど見られません。

ニュージーランドの保育施設に何度か足を運びましたが、どこの保育施設に行っても保育者からよく聞かれる言葉があります。それは、「探求（Exploration）」と「機会（Opportunity）」の二つです。

つまり、子どもたちの「探求の機会」を逃さないこと。これこそが子どもの「学び」を生起させる上で重要ととらえられており、保育者は子どもと向き合いながら「探求」が生起しそうな「機会」にいつもアンテナを向けています。「探求の機会」と言っても多岐にわたっています。例えば、訪問した保育施設の中には、乳児が砂のついたシャベルを口にくわえたり、絵の具のついた筆を口に含んだりといった、日本では「やめなさい」「汚いわよ」と言いながら前段階で止めに入るような光景も、「探求の機会」として保育者はもちろんのこと保護者からも称賛されていました。

このような、ニュージーランドの保育（子育て）観こそが、保育にダイナミックさを生み出す所以であり、子どもの行動を制止するまでの感覚的距離、例えて言うなら、「心のブレーキの遊び幅」がニュージーランドの保育者は長く、その上手な使い方を私たちに教えてくれているような気がします。

（飯野祐樹）

あとがき

本書は、２０１３年9月にスタートした神戸新聞の記事「まぁるく子育て」の50回までを加筆修正したものです。兵庫教育大学の幼年教育・発達支援コースや家族関係論等に関わる教員がリレー執筆をしています。福田光完兵庫教育大学長に背中を押され、神戸新聞総合出版センターにもご快諾いただき、一冊の本にまとめることができました。

この「まぁるく子育て」のタイトルは、当時子育てをしながら本学大学院で学んでいた院生の一人からいただいたものです。まだ幼いお子さんの子育て中で「どうしても△や×の子育てになってしまう。是非、気持ちをまぁるく（◯）もって子育てをしたいと思っている」という話から「まぁるく子育て」になりました。

すべての仕草がかわいい幼い時期は瞬く間に過ぎ去ってしまいます。是非その珠玉の時に子育てを大いに楽しんでもらいたい、そして、本来もっている無垢の子どもからのメッセージを存分に受け取ってもらいたい、各執筆者はそういう思いをもっています。また、具体的な子育て方法や日常の何気ないことの背後にある子どもの育ちの道筋を感じてもらおうと思っています。

現代のわが国は、人として生きるという意味合いが当然あったものをほとんどなくして、合理性や利便性を第一に追求してきています。その正反対が子育てであり、昔には感じることのなかった大きなギャップを背負いながら子育てに奮闘しているのが現状です。せっかく素晴らしい命を神様から授かったのです。親にとって、幼子の世話は大変だけどそれを上回る喜びがある、ということを味わう大きなチャンスでもあるのです。

親が第一の養育者であるのであれば、私たちはその喜びを感じることのできる環境を提供していきたい、と願っています。この思いこそ「子育て支援」だと思うのです。その助けになるのであれば、という気持ちで本書をお届けします。

最後になりましたが、神戸新聞社報道部の網麻子様、小西博美様には記事になる前の文章添削、神戸新聞総合出版センターの皆様には編集、出版等大変お世話になりました。心から感謝申し上げます。

平成29年　秋の気配を感じながら

名須川　知子

兵庫教育大学「まぁるく子育て」編集委員会　執筆者紹介

代表

名須川知子　なすかわともこ　兵庫教育大学理事・副学長、附属図書館　館長
子育て支援ルーム「かとうGENKi」室長

（50音順）

足立　正　あだちただし　兵庫教育大学大学院　教授

飯野　祐樹　いいのゆうき　兵庫教育大学大学院　准教授

石野　秀明　いしのひであき　兵庫教育大学大学院　准教授

礒野久美子　いそのくみこ　兵庫教育大学　就学前教育カリキュラム研究開発室　特命助教

遠藤　裕乃　えんどうひろの　兵庫教育大学大学院　准教授

加納　史章　かのうふみあき　兵庫教育大学大学院　助教

岸本美保子　きしもとみほこ　兵庫教育大学附属幼稚園　副園長

白石　肇　しらいしはじめ　兵庫教育大学附属幼稚園　教諭

鈴木　正敏　すずきまさとし　兵庫教育大学大学院　准教授

高畑　芳美　たかはたよしみ　池坊短期大学　非常勤講師
元兵庫教育大学　就学前教育カリキュラム研究開発室　特命助教

永田　夏来　ながたなつき　兵庫教育大学大学院　助教

橋川喜美代　はしかわきみよ　関西福祉科学大学　教授
元兵庫教育大学大学院　教授

平野麻衣子　ひらのまいこ　兵庫教育大学大学院　講師

大和　晴行　やまとはるゆき　武庫川女子大学　講師
元兵庫教育大学大学院　特定准教授

横川　和章　よこがわかずあき　兵庫教育大学大学院　教授
兵庫教育大学附属幼稚園　園長

淀澤　勝治　よどざわかつじ　兵庫教育大学大学院　准教授

カバーデザイン　正木デザイン
カバー・章扉イラスト　勅使川原 恵

兵教大発《ひょうきょうだいはつ》　まぁるく子育《こそだ》て

2017年12月7日　第1刷発行

編著者　兵庫教育大学《ひょうごきょういくだいがく》「まぁるく子育《こそだ》て」編集委員会《へんしゅういいんかい》
発行者　吉村　一男
発行所　神戸新聞総合出版センター
〒650-0044 神戸市中央区東川崎町1-5-7
TEL078-362-7140　FAX078-361-7552
http://kobe-yomitai.jp/
印　刷　株式会社 神戸新聞総合印刷

ISBN978-4-343-00972-2 C0037